이런 공부법은 처음이야

이런 공부법은 처음이야

내 인생 최고의 공부는 오늘부터 시작된다

신종호 지음

21세기북스

공부의 이유도 의미도 찾지 못한 너에게

'공부'는 세상 모든 학생들의 고민거리입니다. 공부를 잘하는 학생에게도 못하는 학생에게도 그렇죠. 대학에서 저의 전공 분야는 학습심리입니다. 학생들이 공부하는 과정에서 느끼는 성취감, 불안, 경쟁심 등의 다양한 심리적 경험에 관심이 많지요. 그리고 보다 효과적인 자기관리와 학습전략 활용 등을 포함하는 자기주도학습을 연구하고 강의하는 것이 저의 일입니다. 어떻게 보면 공부 전문가이기 때문에 공부에 대해서 할 말이 참 많습니다.

대학에서 20년 이상 소위 '공부'와 관련한 연구와 강의를 하다가 일반 학부모와 학생들을 만나게 된 건 개인적 사연에서 시작합니다. 저의 두 아들이 그 계기였죠. 두 아이를 키우면서 지금까지 연구하고 강의해 온 공부와 관련한 내용들을 아이들에게 적용해 보고 싶은 마음이 생겼고, 이 내용을 다른 학부모, 학생들과 나누고 싶었습니다. 그런 마음으로 대학 캠퍼스에서 사회적 만남의 장으로 걸어 나오게 된 것입니다.

　　강의실 밖에서 저는 많은 방송과 강연 등을 통해 다양한 학부모와 학생들을 만났습니다. 그들과 만나 이야기를 나누다 보면 대부분 공부에 대한 긍정적인 경험보다는 어려움과 고민, 문제점을 이야기합니다. 학생들은 "공부를 왜 해야 하는지 잘 모르겠어요"라며 고민을 털어놓고, 학부모들은 "우리 아이가 공부를 스스로 안 하는데 어떻게 하면 좋죠?"라며 걱정을 합니다.

　　아마 비슷한 고민을 안고 있는 분들이 많을 겁니다. 사실 이 고민은 해결하기가 쉽지 않습니다. 마음의 문제이기도 하고, 방법의 문제이기도 하니까요. 다만 확실히 말할 수 있는 건 이 문제가 해결되지 않는다면 공부의 과정과 결과 모두 실망스러울 수밖에 없고, 결국 아이들과 부모님의 마음에 커다란 좌절감과 패배감이 남을 수밖에 없다는 점입니다.

내 인생 최고의 공부법을 찾아서

그럼 어떻게 해야 할까요? 좋은 공부법을 찾아야 합니다. 그리고 그 핵심은 '공부마음을 다잡는 것'으로부터 시작합니다. '공부마음'이 확고해야 어려움이 있어도 이겨낼 수 있는 힘을 가질 수 있으니까요. 공부마음에 힘이 있으면 좋은 공부법과 생활습관을 내 것으로 만들 수 있습니다. 하지만 공부마음에 힘이 없으면 조금만 힘들어도, 조금만 실망스러워도 금방 포기하게 됩니다.

공부마음은 어떻게 기르는 거냐고요? '왜 공부해야 하는가'에 대한 질문에 답을 할 줄 알아야 합니다. 시험성적을 몇 점 받았느냐, 전교에서 몇 등을 했느냐보다 이 질문에 대한 답을 찾아가는 것이 더 중요합니다. 같이 한번 생각해 볼까요?

가장 일반적인 이야기이지만, 공부는 '자신이 하고 싶은 일을 하기 위한 준비 과정'입니다. 공부는 분명히 목표지향 행동입니다. '앞으로 이루고 싶은 꿈'이 없다면 공부는 내가 '현재 하고 싶은 일'들을 방해하는 노잼에 불과하죠. 자신이 좋아하는 일, 그러면서 잘하는 일을 기반으로 나의 꿈을 만들어가는 것이 공부법의 출발점입니다.

물론 아직 자신이 원하는 꿈이 무엇인지 구체적이지 않거나 호기심이 많아 수시로 꿈이 바뀌는 상황에 놓여 있을 수도 있습니다. 괜찮습니다. 많은 친구들을 만나고 학교생활을 하고 공부를 하다 보면 언젠가 '이것이 하고 싶다'거나 '이렇게 살고 싶다'라는 마음이 생깁니다. 다양한 경험을 해보면서 스스로 자신의 길을 찾아보려 노력을 기울이는 것도 좋은 방법입니다. 그러면 꿈은 언젠가 여러분 앞에 모습을 드러낼 겁니다.

그렇게 꿈이 구체화되면 그 꿈을 이루고자 하는 열정도 갖게 되죠. 공부는 언젠가 다가올 꿈을 이루기 위해 생각하는 힘과 경험을 키워주는 역할을 합니다. 그러니 너무 조급해하지 말고 조만간 만날 자신의 꿈을 위해 지금 내 눈앞에 놓인 공부를 열심히 하는 것도 훌륭한 선택입니다.

누구를 이기기 위한 공부는 허약하다

공부마음과 관련해 꼭 하고 싶은 또 다른 이야기는 공부 경쟁에서 친구를 이기는 것, 그리고 경쟁에서 이김으로써 다른 사람의 인정을 받는 것이 공부마음의 최우선 순위가 되면 안 된다는 점입니다. "라이벌이 있으면 공부하는 데 동기부여가 되지 않나요?"라고 반문하는 학생들이 있을 겁니다. 단기적으로는 그럴 수 있습니다. 하지만 경쟁이 갖는 심리적 속성을 생각해 보면 그 효과는 그리 오래가지 못합니다.

경쟁은 상대나 상황을 내가 통제할 수 없다는 속성을 갖죠. 즉, 경쟁 상대인 친구가 나보다 더 많이 공부하는 것을 내가 못하게 할 수는 없습니다. 내가 통제할 수 없는 상황에 자신을 노출시키는 것은 불안감을 가져오고, 특히 경쟁심이 심해지면 한 번의 실패에도 큰 심리적 좌절감을 느낍니다. 불안과 좌절감을 계속 느끼면서 공부에 집중하고 몰입할 수는 없는 일이죠. 사람은 누구나 실패할 때가 있는데 그럴 때마다 '나는 할 수 없어' '나는 안 돼'라는 무력감에 빠져 다시 일어서지 못하는 경우도 생깁니다. '경쟁'의 마음보다 노력해서 내가 하고 싶은 일에 한 걸음씩 다가가겠다는 '성취'의 마음을 갖는 것이 더 중요합니다.

똑똑한 공부법으로 공부마음 키우기

공부마음의 힘을 키우고 거기에 좋은 공부법을 무기로 장착한다면 최강의 공부법을 획득한 셈입니다. 좋은 결과를 얻기 위해서는 좋은 도구를 선택하고 활용하는 지혜가 필요하죠. 여기서 '지혜가 필요하다'는 말은 단순히 '어떻게(how)'의 방법을 넘어서 '왜(why)'라는 이해를 기반으로 공부법을 선택하고 자기 것으로 만들어야 한다는 뜻입니다.

사람들이 가지고 있는 공부에 대한 오해 중 하나는 공부는 그냥 열심히 하면 되는 것이라는 믿음입니다. 공부는 '엉덩이 싸움'으로 결정된다고 말하기도 하죠. 하지만 엉덩이 싸움을 하더라도 제한된 시간 내에 많은 내용을 효과적으로 내 것으로 만들수 있는 나만의 비법이 필요합니다. 글쓰기를 생각해 보세요. 무조건 오래 앉아서 쓴다고 결과가 월등하게 좋아지나요? 글쓰기 능력이 향상되나요? 그렇지 않다는 걸 경험적으로 알고 있을 겁니다. 기본적으로 시간을 투자해야 하는 건 맞지만, 시간은 우리에게 무한정 주어지지 않습니다. 제한된 시간 안에서 가장 효율적으로 시간을 쓸 줄 알아야 결과도 좋습니다. 글 쓰는 방법을 알고 글을 작성하는 것과 그렇지 않은 것에서 큰 차이가 있을 수밖에 없는 것처럼요.

전문성 연구를 기반으로 '1만 시간의 법칙'을 제안한 안데르스 에릭슨Anders Ericsson은 단순히 1만 시간을 투자한다고 해서 모두 전문가가 되는 것은 아니라고 지적합니다. 1만 시간 동안 단순히 반복 연습하는 것이 아니라, 의도적이고 체계적인 연습을 기반으로 한 시간 투자가 필요하다는 것이죠. 즉, 연습하는 방법이 어떠한가에 따라 같은 시간을 투자하더라도 다른 결과를 만들어낸다고 말합니다.

따라서 좋은 공부법은 무엇이고, 왜 그것이 좋은 공부법인가를 아는 것은 매우 중요합니다. 좋은 공부법을 한마디로 정의하기는 어렵지만, 깊이 있게 이해하고 그 이해한 결과를 나의 생각에 따라 체계적으로 정리하는 것이 좋은 공부법입니다.

모두가 행복한 공부마음을 가질 수 있도록

『이런 공부법은 처음이야』를 통해 공부 고민으로 어깨가 무거운 학생들이 좋은 공부법을 찾고, 그것을 자신의 공부 도구로 활용할 수 있는 능력을 키울 수 있다면 좋겠습니다. 이 책은 우리 학생들이 단순히 공부하는 기계가 아니라, '왜' 공부를 해야 하는지, 그리고 '왜' 이런 방법으로 공부하는 것이 좋은지 스스로 판단하고 결정할 수 있는 자기주도학습을 할 수 있도록 돕는 책입니다.

하지만 '왜 공부해야 하는가'라는 질문에 대해 자기주도적인 생각을 갖지 못하면 아무리 좋은 공부법을 알려준다고 해도 그것을 자기 것으로 만들기는 어렵습니다. 이 책을 통해 '왜 공부해야 하는가'에 대한 질문의 답을 찾았다면 공부하는 과정에서 스트레스보다는 의미와 즐거움을 더 많이 느낄 수 있을 겁니다. 그런 의미에서 이 책은 '왜 공부법 책'이라고 해도 틀린 말이 아닙니다.

저의 두 아들들이 자라면서 공부에 대해 갖길 바랐던 올바른 자기 생각과 습관에 대한 이야기를 이 책 안에 오롯이 담을 수 있어 기쁩니다. 이 책을 읽는 모든 학생들이 공부를 포함한 자기 삶의 주체로 성장해 나가길 진심으로 응원합니다. "나는 느끼고 생각하는, 그리고 나의 꿈을 책임감 있게 실천하는 자율인이다!" 이 책을 통해 이런 자부심이 여러분 마음속에 자리 잡는다면 저의 역할은 충분했다고 생각합니다.

2023년 2월
신종호

차례

1부 어차피 해야 하는 공부라면

공부 열정 지피기

2부 매일 공부가 기대되는 기적

공부 습관 만들기

3부 지치지 않고 갓생 사는 방법

공부 체력 다지기

· ·

4부 공부에도 기술이 필요해

공부 전략 세우기

5부 공부가 인생의 목표는 아니야

공부 독립 하기

1부

어차피 해야 하는
공부라면

공부 열정 지피기

공부 머리를
타고나지 못했어도

공부에 대한 아주 흔한 오해

혹시 이런 말 들어본 적 있어?

"공부는 머리가 좋아야 잘해."
"공부 유전자는 따로 있어."

많은 사람들이 이런 말을 자주 해. 머리 좋은 사람이 공부를
잘하고, 머리가 좋은 건 타고나는 거니까 머리가 나쁘면 아무리
공부를 열심히 해도 잘할 수는 없다고 믿는 거지. 그런데 정말

그럴까? 공부 잘하는 사람은 태어날 때부터 정해져 있는 걸까? 자, 그럼 이 질문에 대한 진실을 찾아가기 전에 다음 의견 중 어느 쪽 의견에 동의하는지 한번 선택해 봐.

A: 공부는 각자 타고난 능력 안에서 최선을 다하는 것이다.
B: 열심히 노력하면 누구나 우수한 성적을 받을 수 있다.

많은 지식을 갖고 이것을 활용할 줄 아는 능력을 '지적 능력'이라고 해. 그렇다면 이 지적 능력은 발전할 수 있는 것일까, 아니면 고정적인 것일까? A를 선택했다면 '지적 능력은 고정된 것이다'라고 생각하는 것이고, B를 선택했다면 '지적 능력은 발전하는 것이다'라고 생각하는 거야.

먼저 A의 입장에 선 사람들은 지적 능력(지능)은 변하지 않고 특정한 수준을 유지한다고 믿어. 그러다 보니 자신의 능력이 미치는 범위 안에서 긍정적으로 평가받길 기대하는 경향이 있어.

그러면 어떤 선택을 하게 될까? 부정적인 평가를 받을 수 있는 상황 자체를 피하려고 하지. 친구들보다 잘하는 것이나 반에서 1등을 할 수 있는 것 등 다른 사람들과 비교하면서 목표를 정하게 돼. 지적 능력은 정해져 있다고 믿으니까 자기가 성공할 수 있는 과제들만 선택하는 거야.

이런 친구들은 자신의 실력을 향상시키는 공부보다는 적당히 성적이 잘 나오는 공부를 선택해서 안전한 길을 가곤 해. '진짜 공부'와 거리가 먼 공부를 하게 되는 거야.

마음이 바뀌면 공부도 바뀐다

반면에 B의 입장에 선 사람들은 지능은 변하고 꾸준히 성장하면서 향상시킬 수 있다고 믿어. 그러다 보니 목표나 성과에 한계를 두지 않지. 늘 새로운 것에 호기심을 갖고 탐구하는 태도를 보여. 남한테 보여주기 위한 공부가 아니라 '이 내용이 대체 뭘까?'라는 호기심을 갖고 파고드는 거야.

'이 과제를 내가 만족할 만큼 열심히 할 거야.'
'이 시험에서 이전보다 좋은 결과를 얻고 싶어.'

나의 공부에 도움이 된다면 어려운 과제를 선택하기도 하고, 남과 비교해서 목표를 세우는 것이 아니라, 오로지 자기 자신을 목표로 삼고 과정을 중요하게 생각하는 성향을 보이지.

이런 친구들은 대체로 깊이 있는 공부, 자신의 실력을 제대로 키우는 공부에 관심이 많아.

어때? 내가 어떤 믿음을 갖고 어떤 식의 공부를 하고 있는지 돌아보는 계기가 됐어? 공부에 대한 자신의 믿음이 공부에 대한 태도를 결정짓고, 결과에도 영향을 미친다는 걸 알겠지?

더 넓게 보자면 지적 능력에 대해 어떤 관점을 선택하느냐에 따라 인생이 달라진다고도 할 수 있어. 너무 과장된 말 아니냐고? 이렇게 의심하는 사람들을 향해 과학적인 답변을 들려준 학자가 있어. 스탠퍼드대학교 심리학과 교수 캐롤 드웩이 그 주인공이야.

공부가 저절로 하고 싶어지는 마인드셋

가능성으로 똘똘 뭉친 존재

캐롤 교수는 '어떤 관점을 택하느냐'에 따라 자신이 되고 싶은 사람이 될 수 있는지, 원하는 것을 실현할 수 있는지 결정된다고 강조했어. 그리고 '성장 마인드셋'과 '고정 마인드셋'이라는 개념으로 그 이유를 설명하지.

'성장 마인드셋'은 지금의 나는 출발점에 서 있는 것이고, 노력이나 전략, 또는 누군가의 도움으로 얼마든지 발전할 수 있다는 믿음에 바탕을 두고 있어. 반면에 '고정 마인드셋'은 인간의 자질은 절대 변하거나 발전하지 않는다고 믿는 태도지.

그러니까 '성장 마인드셋'은 가능성에 초점을 맞추는 거야. 열정과 노력, 훈련을 통해 누구든지 자신이 원하는 멋진 인생을 살 수 있다고 말이야. 이런 상태에 있는 사람들은 타인이 아닌, 오직 자기 자신의 가치와 목표에 초점을 맞추기 때문에 남의 눈치를 보거나 남의 시선에 집착하지 않아. 그러니 새로운 도전도 두려워하지 않지. 도전이 나의 능력을 키워준다고 믿기 때문이야. 생각해 봐. 그럼 어떤 인생을 살게 될까? 실패를 두려워하기보다 도전의 가능성을 믿고 뭐든지 직접 해보려는 적극적인 태도를 보이겠지.

실패했을 때 다시 일어서는 속도도 빨라질 거야. 실패했다고 해서 내가 가진 능력과 가능성까지 사라지는 것은 아니라고 생각하기 때문이야. 오히려 실패가 미래의 성공을 위한 디딤돌이 될 거라고 긍정적으로 생각하지. 이렇게 나의 성장이 나에게 달려 있다고 믿으니 늘 노력하는 자세도 잃지 않겠지?

하지만 '고정 마인드셋'의 상태에 놓인 사람들은 도전과 실패를 두려워해. 도전과 실패는 자신이 가진 부족한 점을 드러낼 테고, 그러면 다른 사람들이 자신을 비난하고 낮춰 볼 거라고 생각하기 때문이야. 고정 마인드셋을 가진 사람들은 이런 자신의 부족하고 모자란 점이 영원하다고 믿기 때문에 실패할 일에는 아예 처음부터 도전하지 않아. 아무리 노력해도 고칠 수 없는 결함이라고 생각하니 고치기보다 감추기에 바쁜 거야. 설령 도전했더라도 실패했을 때 엄청난 좌절감에 무너져 내리지.

자, 과연 어떤 사람이 먼 미래에 더 큰 사람이 될 수 있을까? 정답은 모두가 알고 있으리라 믿어.

잠재된 공부력을 깨워라

다시 한 번 강조하지만, 공부는 누구나 잘할 수 있어. 자신에게 맞는 공부를 자신의 스타일에 맞춰 노력한다면 말이야. 그러니까 부정적이고 나약한 생각은 그만하는 게 좋겠지? 나의 능력이 얼마만큼인지, 그 능력이 얼마만큼이나 발휘되었는지 아직 모르잖아. 그 능력을 발굴하고 발전시키는 건 너희 자신의 몫이야.

'공부는 특별한 사람들이 잘해. 나는 이미 망했어.'
'나는 공부 머리가 없어. 태어나길 이렇게 태어난걸.'

지금까지 이런 생각에 자신을 가두고 있었다면, 지금 당장 그 생각은 멀리 던져 버리자. 혹시 공부를 하기 싫은 마음에 대한 변명은 아닐까 반성하면서 말이야.

'지적 능력은 노력을 통해서 얼마든지 변하고, 그 변화를 위해 도전하고 노력하는 게 중요해.'

이런 믿음을 가져야 공부하는 과정과 결과에도 좋은 영향을 줄 수 있다는 사실, 마음가짐이 태도가 되고, 그 태도가 인생을 결정한다는 사실을 잊으면 안 돼.

공부의
진짜 의미를 찾아라

공부의 이유를 잃어버린 너에게

'사람은 누구나 자신의 지적 능력을 향상시킬 수 있다'는 믿음을 가지고 열심히 공부를 한다고 가정해 보자. 그럼에도 가끔 '이렇게 힘든 공부를 대체 왜 하는 걸까?' 하는 생각이 들 거야. 정말 그래. 공부는 쉽지 않아. 어려워서 머리가 아프기도 하고 시간도 많이 투자해야 해. 그렇게 힘든 일을 왜 어렸을 때부터 해야 하는지 같이 생각해 볼까?

사람들마다 공부를 하는 이유는 다 다를 거야. 어떤 사람은 성적을 잘 받아서 좋은 대학에 가기 위해, 어떤 사람은 돈을 많이 벌기 위해, 또 다른 누군가는 내가 원하는 직업을 갖기 위해 공부를 한다고 말하겠지. 맞아. 그러니까 공부는 '무엇을 위해서' 하는 거야. 내가 원하는 대로 살기 위한 '수단'으로 공부가 필요한 거지.

우리는 이걸 흔히 '꿈을 이룬다'라고 말해. 물론 '꿈'이 꼭 '직업'이 될 필요는 없어. 우리는 늘 "넌 꿈이 뭐니?" 하고 물으면 의사, 선생님, 농부, 연예인, 목수 같은 직업을 말하곤 하지만, 이런 구체적인 직업이 아니라 어떠한 바람도 꿈이 될 수 있어.

'남을 돕는 사람으로 살고 싶어.'

'여행을 많이 하는 사람이 되고 싶어.'

'자연을 아끼며 세상에 도움이 되는 사람이 되고 싶어.'

공부는 이런 다양한 이상과 목표를 실현하는 데 필요한 수단인 거야.

공부를 잘하고 싶다면 이런 '목적의식'을 먼저 가져야 해. 목표가 있어야 그 목표로 가는 수단인 공부에 대한 필요성을 느낄 수 있거든. 지금 당장 눈앞에 놓인 중간고사와 기말고사를 잘 보는 것보다 나는 어떻게 살고 싶은지, 꿈이 무엇인지, 무엇을 이루고 싶은지 생각하고 목표를 먼저 정하는 게 훨씬 더 중요해.

목표가 있어야 공부가 즐겁다

목표를 가지고 실행할 때와 아무런 목표 없이 실행할 때의 결과는 완전히 달라. '목표이론'을 연구한 미국의 심리학자들도 이렇게 말했지.

"분명한 목표, 도전적인 목표를 가지고 있는 사람이 더 높은 성취를 이루었을 뿐 아니라, 목표를 이루는 과정에서 즐거움을 더 많이 느낀다.”

다시 말해서 목표를 가지면 ‘결과’뿐만이 아니라, 목표를 추구하는 ‘과정’에도 긍정적인 영향을 미친다는 거야. 그러니 인생의 목표와 이상을 가진 사람들의 삶은 특별할 수밖에 없어.

‘고다드’라는 이름을 가진 아이의 이야기를 들어볼래? 고다드는 열다섯 살에 인생을 살면서 꼭 이루어야 할 목표 127가지를 세웠어. 사실 고다드가 세운 목표에는 ‘저게 무슨 목표야?’라든가 ‘설마 저런 목표를 이룰 수 있겠어?’라는 생각이 들 정도로 황당하거나 허무맹랑한 것들도 포함되어 있었어. 이집트 나일강과 남미 아마존강 탐험하기, 비행기 조종 기술 배우기, 전 세계 모든 국가를 한 번씩 방문하기, 검도 배우기 등이 포함되어 있었거든. 어떻게 보면 엄청 사소하고 별 볼 일 없는 목표도 많았지.

사실 이건 세계적인 인류학자이자 다큐멘터리 제작자인 존 고다드의 이야기야. 고다드는 여든아홉 살에 생을 마감할 때까지 이 목표 중 110개를 이루었어. 나일강과 아마존강 탐험하기와 비행기 조종 기술 배우기는 성공했대. 자신만의 목표를 정해

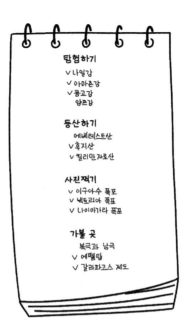

탐험하기
∨ 나일강
∨ 아마존강
∨ 콩고강
  양쯔강

등산하기
  에베레스트산
∨ 후지산
∨ 킬리만자로산

사진찍기
∨ 이구아수 폭포
∨ 빅토리아 폭포
∨ 나이아가라 폭포

가볼 곳
  북극과 남극
∨ 에펠탑
∨ 갈라파고스 제도

놓고 그것을 이루기 위해 최선을 다해 산 고다드의 하루하루가 얼마나 활기 넘치고 특별했을지 보지 않아도 상상할 수 있지? 고다드 자신도 그렇게 말했어.

"목표를 이루어가는 과정을 통해 나는 삶의 가치와 보람을 느꼈습니다. 그러니 여러분도 하고 싶은 일이 있다면 목표로 삼고 당장 실천하세요."

물론 고다드처럼 확실한 꿈과 목표를 갖는 게 쉬운 일은 아니야. 뭘 하고 싶은지 아직 잘 모르는 친구들도 있고, 하고 싶은 게 너무 많은 친구들도 있을 테니까. 만약 어떤 진로를 선택하고 어떻게 살아야 할지 아직 잘 모르겠다면 무엇을 할 때 재미있는지, 어떤 사람이 멋있어 보이는지 한번 생각해 봐.

많은 친구들이 입시 위주의 공부만 하느라 자신에게 어떤 꿈이 있는지 잘 모르고 있는 경우가 많잖아. 그럴 때는 내가 닮고 싶은 사람이 있는지, 무엇에 흥미를 느끼는지 곰곰이 생각해 보는 게 힌트가 될 수 있어. 또는 내가 잘하는 과목이나 재미있어하는 과목이 무엇인지 생각해 보는 것도 좋아.

혼자서 생각하고 고민하는 게 어렵고 힘들다면 주변의 도움을 받는 것도 좋은 방법이야. 부모님이나 선생님께 자신의 생각을 말하고 함께 이야기하면서 길을 찾다 보면 혼자 고민할 때보다 길이 더 선명하게 보일 수 있거든. 형제자매나 친구들과도 이런 이야기를 자주 나누다 보면 큰 도움이 되지.

천천히 한 걸음씩
가보는 거야

아직 꿈이 없어도 괜찮아

그런데 말야, 이쯤에서 꼭 기억해야 할 게 하나 있어. 꿈은 바뀌어도 좋고 조금 천천히 찾아도 좋다는 거야. 꿈을 찾고 그것을 향해 가는 동안은 누구나 불안하고 고민이 많아진다는 걸 잊지 마. 그러니까 나만 이렇게 갈팡질팡하고 있는 건가 걱정하지 않아도 돼.

이와 관련된 재밌는 이야기 하나 들려줄까? UN 보안담당관 박재현 대장에 관한 이야기야.

요즘 UN(국제연합)이나 IMF(국제통화기금), WHO(세계보건기구)

처럼 국제기구에서 일하고 싶어 하는 친구들이 많더라고. 박재현 대장은 그 꿈을 이룬 사람 가운데 한 명인데, 놀랍게도 그는 대학생이 되어서도 꿈이 없었대. 그래서 매일 피시방 죽돌이로 시간을 보냈다고 해. 그렇게 오랜 시간 방황하다가 군대에 입대하고 나서야 자신이 하고 싶은 일을 찾았고, 열심히 노력한 끝에 누구나 부러워하는 국제공무원이 된 거지.

방황은 OK! 좌절은 금지!

세계적으로 명성이 높은 백희성 건축가도 수많은 사람들의 걱정과 만류에도 무작정 프랑스로 유학을 떠나 세계적인 건축가로 성장한 경우야. 그는 건축 공모전에서 무려 61번이나 떨어졌지만, 끝까지 자신의 꿈을 포기하지 않았고, 매일 밤을 새워가며 연구하고 공부한 끝에 건축 분야의 최고 상인 폴 메이몽 건축가상까지 수상하게 되었어.

이처럼 누군가에게는 말도 안 되고 엉뚱한 꿈일지라도 명확한 목표와 강한 의지만 있다면 누구든 그 꿈을 이룰 수 있어.

혹시 아직 꿈이 없어서 불안해? 아니면 자꾸 바뀌는 꿈 때문에 고민이야? 그것도 아니라면 사람들이 내 꿈을 비웃을까 봐

걱정돼?

　괜찮아. 너희에겐 많은 선택지와 무한한 가능성이 있으니까 더 많은 꿈을 꿔도 되고, 가끔은 꿈을 찾아 방황해도 돼. 얼마나 빨리 꿈을 찾느냐보다 내가 진짜로 하고 싶은 것이 무엇인지를 찾는 게 더 중요하니까 말이야.

마음이 단단해지면
모든 것이 달라진다

구체적인 목표가 구체적인 미래를 만든다

오랜 고민과 탐색 끝에 목표가 정해졌다면, 그다음엔 목표를 이루기 위해 어떤 노력을 할 것인지 계획을 세워야 해. 계획은 장기적인 계획부터 세우는 게 좋고, 구체적일수록 좋아. 구체적인 목표와 그 목표에 대한 의미를 알고 있는 사람과 그렇지 않은 사람은 공부하는 과정과 공부의 결과에서 큰 차이가 나거든.

미국 애리조나주립대학교의 스티브 그레이엄 교수가 진행한 실험 하나를 소개할게. 그는 초등학교 5학년과 6학년 학생들을 대상으로 작문 숙제를 냈어. 첫 번째 집단에 속한 학생들에게는

'전반적으로 신중하게 고치면서 글을 써라'라는 일반적인 목표를 주었고, 두 번째 집단에 속한 학생들에게는 '적어도 세 가지를 고치고 보충하면서 글을 써라'라는 구체적인 목표를 주었지.

결과는 어땠을까? 구체적인 목표를 제시받은 두 번째 집단 아이들의 작문 점수가 훨씬 높았어. 구체적인 목표를 생각하면서 글을 고치다 보니 체계적으로 수정하고 보완할 수 있었던 거야. 꿈을 이루는 과정도 마찬가지란다.

그뿐만이 아니야. 뚜렷한 목표가 있으면 어려움이 닥쳤을 때 이를 극복할 수 있는 힘도 생겨. 공부를 하다 보면 공부가 재미없어서 그만두고 싶거나 기대한 만큼 성적이 안 나와서 속상할 때가 있잖아. 이때 목표가 없다면 어떤 생각이 들까? '아, 너무 힘들어. 재미도 없고 더 이상은 못 하겠어'라는 생각에 포기하고 싶은 마음이 가장 먼저 들 거야. 하지만 목표가 있다면 힘든 과정 자체도 기꺼이 받아들이는 강하고 단단한 마음이 생기지. 아마 이런 말을 들어본 적이 있을 거야.

"아는 자는 좋아하는 자만 못하고, 좋아하는 자는 즐기는 자만 못하다."

어떤 일을 즐기는 것이 얼마나 큰 힘을 발휘하는지 보여주는 공자의 말이야.

목표도 마찬가지야. 분명한 목표가 있어서 그 과정 또한 내가 당연히 받아들여야 한다는 생각이 들면 과정 자체를 즐길 수 있는 여유가 생겨. 김연아 선수도 그랬거든. 라이벌과의 경쟁에서 이겨야겠다는 생각보다 최선을 다해 즐기면서 스케이트를 타겠다는 생각을 더 많이 했다고.

공부도 마찬가지 아닐까? '수학 공부를 열심히 해서 반장을 제치고 반드시 내가 1등을 하겠다'는 생각보다 '이 새로운 지식을 충분히 내 것으로 만들겠다'라고 생각한다면 다른 사람들과 자신을 비교하지 않고, 혹시 실수를 하더라도 자연스러운 공부의 과정이라고 생각하게 될 거야. 그러면 공부를 즐겁게 받아들일 수 있게 되는 거지.

이런 마음으로 공부하면 결과도 좋을 수밖에 없어. 다른 사람들과 비교하고 경쟁에서 이기는 데 초점을 맞추면 부정적인 생각이 마음에 가득차서 작은 실수에도 자신을 미워하고 다그치면서 스트레스만 쌓이거든.

남과 비교할 시간에 너의 공부를 해라

남과 비교하기보다 자신만의 목표를 가지고 공부하는 사람들은 새로운 지식을 충분히 이해하고 내 것으로 만들었는지에 더 관심을 두곤 해. 그러니 내가 다른 사람들보다 잘했는지 못했는지에 집착하지 않아.

반면에 남과의 경쟁에서 이기는 것에 목표를 둔 사람들은 다른 사람이 나보다 잘했는지 못했는지에 따라 자신의 능력을 평가하려고 하지. 그러니 마음이 편하겠어? 언제나 신경이 곤두서 있고, 예민하고, 스트레스를 많이 받을 수밖에 없어.

남에 대한 질투와 같은 부정적인 마음 상태가 공부하는 과정을 재미없게 만들고, 따라서 공부에 집중하지 못해서 결과적으로 실력을 망친다는 연구 결과도 있어. 사라 힐을 비롯한 심리학자들이 진행한 실험인데, 이들은 우선 실험 참가자들을 두 집단으로 나누고 똑같은 단어 맞추기 과제를 주었어. 그러고는 한 집단에만 매력적인 외모를 가진 부자들을 투입했지.

그러자 그들과 친해질 기회를 갖지 못하게 된 다른 집단의 참가자들이 부정적인 감정 상태를 보이기 시작했어. 질투심이 생긴 거지. 그 참가자들은 단어 맞추기를 하는 동안 집중하지 못했고, 단어 맞추기에 관심을 덜 기울이기 시작했대. 이처럼 부정적인 생각은 경쟁, 질투 그 자체에만 관심을 갖게 만들기 때문에 더 좋은 결과를 내는 데 방해가 돼.

그러니까 나보다 잘하는 사람을 보며 질투하고, 어떻게든 그 사람을 이겨야 한다는 생각보다는 자신만의 확고한 목표를 세우고, 그것을 달성하기 위해 최선을 다하는 게 지치지 않고 공부할 수 있는 방법이야. 쉽지는 않겠지만 이렇게 생각을 고쳐 보는 건 어떨까?

'공부하는 과정에서 이 내용을 내 것으로 만드는 데 최선을 다하겠다.'

남이 아닌 나의 목표에 초점을 맞추고 나의 성장에 관심을 기울인다면 아마 공부가 지금보다 훨씬 재밌어질 거야.

너는 어떤 공부 타입이니?

숲형 스타일 vs 나무형 스타일

자, 목표를 정했으면 이젠 자신에게 맞는 방법으로 공부를 해야겠지? 그러려면 내가 어떤 스타일로 공부하는지 알아야 해. 프로 게이머들을 떠올려 봐. 똑같은 게임을 해도 플레이어마다 게임 스타일이 다 다르잖아. 왜 그럴까? 사람마다 성격, 지능, 생활방식 등이 다르기 때문이야.

어떤 사람은 다른 사람에 비해 좀 더 빠르게 공부하는 반면, 어떤 사람은 완벽하게 하기 위해 천천히 공부하기도 해. 어떤 사람은 음악을 틀어놓고 공부하는 것을 좋아하는 반면, 어떤 사람은 조용한 곳에서 공부해야 머리에 잘 들어온다고 하지. 어떤 사람은 몸을 움직이면서 공부하는 것을, 어떤 사람은 꼼짝 없이 앉아서 공부해야 집중이 잘 된다고 말해.

그런데 이렇게 다양한 스타일을 가진 사람들에게 조용한 곳에서 2시간 동안 꼼짝하지 말고 공부만 하라고 한다면 어떨까? 모두가 좋은 성과를 내기는 어려울 거야.

사람들은 각자 자신만의 '공부 스타일'을 가지고 있어. 공부 스타일을 구분하는 기준은 매우 다양한데 대표적으로 '숲형'과 '나무형'으로 나눌 수 있어. 게임에 빗대어서 '숲형' 플레이어, '나무형' 플레이어로 얘기를 계속해 볼까?

숲형 플레이어는 전체적인 흐름과 구조에 먼저 관심을 두는 사람이야. 반면 '나무형' 플레이어는 세밀한 부분을 꼼꼼하게 짚어가면서 이해하는 사람을 가리키지.

우선 '숲형' 플레이어들은 건축가처럼 공부를 해. 즉 공부하는 내용의 구조를 파악하는 데 관심을 두는 거야. 이 유형의 사람들은 자신의 머릿속에 큰 그림을 그린 후에 세부적인 내용들을 배워야 좋은 성과를 내.

숲형 플레이어의 대표적인 인물로는 스페인의 건축가 안토니오 가우디를 들 수 있어. 가우디는 생명체의 모든 조직처럼 건축도 뼈대와 가죽, 장식에 이르기까지 모든 것이 밀접한 관계를 가져야 한다고 생각했어. 그래서 하나의 건축물을 완성하기 위해 전체 구조를 생각해서 스케치를 하고, 세부적인 구조와 공간은 이와 조화를 이루도록 했지. 이러한 종합적인 시각이 그의 건축물에 녹아들어 안정적이면서도 아름다운 건축물을 탄생시킨 거야.

나는 숲형
플레이어야

이에 반해 '나무형' 플레이어들은 나무의 생김새 하나하나에 관심을 가지듯이 세부적인 내용을 정확하게 이해하는 것에 초점을 맞춰. 이 유형의 사람들은 공부하고 있는 내용을 얼마나 구체적으로 정확하게 이해하고 있는지를 무척 중요하게 여겨. 아주 꼼꼼하고 세심하게 공부하는 거야.

이 유형에 속하는 대표적인 인물로는 영국의 소설 속 명탐정 셜록 홈스를 들 수 있어. 홈스가 사건을 해결하는 모습을 떠올려 봐. 그는 매년 50건 이상의 사건을 처리하는데, 철저하게 현장을 관찰한 뒤 머리카락 한 올이라도 놓치지 않잖아.

이처럼 세세한 내용에 집중하면서 이것을 하나씩 이해하고, 그 결과를 종합해서 전체 그림을 그리는 사람들을 나무형 플레이어라고 할 수 있어.

너에게 딱 맞는 공부법이 필요해

물론 각 유형마다 장단점이 있어. 숲형 플레이어는 전체적인 흐름을 잘 파악하는 반면, 세부적인 내용을 소홀하게 여겨서 중요한 정보를 기억하지 못하는 단점이 있고, 나무형 플레이어는 너무 자세한 내용에 집중하다가 공부하는 각각의 내용이 서로 어떤 관련이 있는지, 내가 공부한 것이 어떤 의미가 있는지 전체적인 내용을 이해하지 못하는 실수를 저지르곤 하지.

하지만 '어느 쪽이 더 좋다'라고 단정 지을 수는 없어. 여러 과목을 한꺼번에 공부하면서 전체적인 그림을 그려나가는 숲형 학생에게 "하나라도 좀 제대로 해라"라고 지적한다면 이 학생은 이렇게도 못하고 저렇게도 못하고 굉장히 난처해할 거야. 머릿속이 막 엉켜버릴걸? 마찬가지로 차례차례 한 과목씩 공부하는 나무형 학생에게 "그렇게 해서 언제 시험 범위를 다 공부할 거니? 요령이 없네"라고 잔소리를 한다면 이 학생은 엄청난 스트레스를 받을 거야.

무엇이 더 좋다는 건 없어. 서로 공부 스타일이 다를 뿐, 나에게 맞는 편한 공부법이 무엇인지 파악하고 적용하면 되는 거야. 물론 각 스타일의 단점을 보완하기 위해 노력은 해야겠지. 그럼 숲형 플레이어와 나무형 플레이어의 단점을 보완하려면 어떻게 공부해야 하는지 알아볼까?

공부가 깊어지는
타입별 공부 노하우

장점은 키우고 단점은 보완하고

자신이 숲형 플레이어라고 판단된다면, 우선 전체적인 학습 내용의 흐름을 잘 파악하고 그것을 내 것으로 만들어간다는 점에서 강점을 지녔다는 걸 알아두어야 해. 장점을 알아야 그 장점을 더 키울 수 있으니까 말이야. 그렇다면 단점은 어떻게 보완해야 할까?

숲형 플레이어들은 종종 자세한 정보에는 신경을 쓰지 않기 때문에 세세한 내용을 이해하고 있는지 묻는 시험 문제에서 답을 못 맞추는 경우가 있어. 혹은 스스로 이해하는 과정에서 정보를 잘못 받아들이기도 하지.

이런 플레이어들은 친구들이나 부모님과 문제 맞추기 게임을 하면서 공부한 내용을 정리해 보면 좋아. 놀이처럼 가볍고 재미있게 게임을 해보는 거야. 별것 아닌 것 같지만 놓친 부분이나 잘못 이해한 부분을 빠르게 확인하고 수정할 수 있는 아주 좋은 방법이야.

그럼 나무형 플레이어들은 어떻게 공부하면 좋을까? 이 플레이어들의 장점은 세부적인 사실을 잘 기억하고, 각각의 정보에 대한 이해도가 높다는 점이야. 하지만 낱낱의 지식들이 통합적으로 연결되지 않기 때문에 전체적인 그림을 그리지 못해서 개념 간의 관계를 이해하거나 이를 응용한 문제를 풀지 못하는 경우가 많아. 또는 개념이나 내용을 지나칠 정도로 자세하게 하나하나 익히다 보니 너무 많은 에너지를 쏟아서 공부를 마치기 전에 쉽게 지치기도 해. 이런 플레이어는 '개념도'를 활용해 보면 좋아.

개념도가 뭐냐고? 말 그대로 자신이 공부한 개념을 그림으로 그려보는 거야. 우선 공부한 부분에서 핵심 단어만 5개 내외로 종이에 적고, 이들 간의 관계를 그림으로 그려보는 거지. 화살표로 단어 간의 관계를 설명해도 좋고, 직선이나 점선으로 각

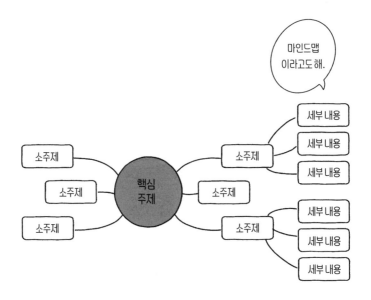

단어가 서로 어느 정도의 관련성을 가졌는지 표시해도 좋아. 관계에 대한 표시가 끝난 뒤에는 세부적인 사실들을 추가로 적는 거야. 그리고 다시 이들 간의 관계를 연결해 보는 거지. 그러니까 개념도는 사람마다 다를 수밖에 없어. 자기가 알아볼 수 있게끔 마음대로 그리면 되니까 말이야.

이렇게 개념도를 그리다 보면 내용의 흐름을 통합적으로 이해할 수 있게 돼. 그림을 그려놓으면 전체적인 구조가 한눈에 보이거든.

어때? 지루하지 않게 공부할 수 있을 것 같지 않아? 이런 방법들은 자신의 공부법에서 부족한 점을 보완할 수 있는 아주 좋은 방법이니까 자신의 공부 스타일에 직접 적용해 봐.

어떤 공부에든 도움이 되는 세 가지

숲형이나 나무형에게 모두 맞는 공부법을 소개해 볼까 해. 일명 '나선형 공부법!' 이 공부법은 공부한 내용을 한 번 빠르게 훑고, 처음부터 다시 내용을 자세하게 살펴나가는 방식이야. 마치 나선형처럼 뱅글뱅글 돌면서 내용을 훑는다고 해서 이런 이름을 붙였어.

'나선형 공부법'으로 공부할 때는 첫째, 아주 쉽고 빨리 끝낼 수 있는 교재나 문제집을 선택해야 해. 첫 개념 공부를 되도록 빨리 마치면서 전반적인 공부의 흐름만 익히기 위해서지. 그렇게 하나의 교재나 문제집을 처음부터 끝까지 마치면 큰 성취감을 느낄 수 있어. 그러면 나도 모르게 자신감이 생기지.

이 자신감을 등에 업고 이번에는 처음보다 조금 어려운 교재나 문제집을 선택해서 동일한 내용을 다시 공부하는 거야. 이미 한 번 훑었던 내용이니까 처음보다는 쉽게 이해되겠지? 그럼 벌써 두 개의 문제집을 보았으니까 개념이 확실히 잡힐 수밖에 없어. 여기서 멈추지 않고 더 공부하고 싶다는 생각이 든다면 난이도가 더 높은 교재나 문제집을 선택해서 또다시 처음부터 공부하되, 좀 더 세부적인 내용을 살펴보면 돼.

'나만의 정리 노트 쓰기'도 숲형과 나무형 모두에게 좋은 학습 방법 중 하나야. 공부한 내용을 정리하는 개인 노트를 만들어서 참고서나 교과서를 보지 않고 내가 이해한 내용을 되새기면서 작성하는 게 포인트야.

이 방법은 앞에서 나무형 플레이어에게 권했던 개념도를 그릴 때 써보면 좋아. 개념도를 그릴 때 교재나 참고서를 보지 않고 머릿속에 있는 내용을 정리하고 요약하면서 개념도를 그리는 거지.

그러고 보니 이 방법은 숲형 플레이어들에게도 무척 좋은 공부법이라는 생각이 들지 않아? 숲형 플레이어들에게는 세부적인 학습 내용을 확인하는 기회를 제공하고, 나무형 플레이어들에게는 전체 내용을 정리하는 기회가 되는 공부법이야.

'복습'도 두 유형 모두에게 잘 맞는 공부법이야. 공부를 잘하려면 예습보다 복습이 중요하다는 얘기는 많이 들어봤을 거야. 그렇다면 '배운 내용에 대해 다시 한 번 읽어보는 것'과 '배운 내용을 기억하고 있는지 문제를 풀면서 복습하는 것' 중에 어느 쪽이 더 좋은 복습 방법일까? 여러 번 얘기했으니 정답을 금방 맞췄겠지?

맞아. 문제를 풀면서 이전에 공부한 것을 확인하는 것이 더 좋은 복습 방법이야. 문제 풀기를 통해 알고 있는 것과 모르는 것을 확인해 보는 건 매우 효과적인 공부법이지. 이 방법은 공부한 직후보다는 공부한 후 시간이 조금 지나서 해보는 게 좋아. 왜냐하면 기억한 흔적이 시간이 지나 흐려졌을 때 복습을 하게 되면 그 효과가 더 커지기 때문이야.

이 중에서 자신에게 맞는 방법을 선택해서 실행에 옮겨봐. 아마 공부에 대한 흥미뿐만 아니라, 차근차근 성적이 오르는 놀라운 결과를 경험할 수 있을 거야.

공부가 재밌어지는 순간

상상을 현실로 만드는 마법

혹시 목표까지 가는 과정을 상상해 본 적이 있어? 내가 세운 목표를 이루는 과정을 머릿속으로 미리 그려보는 '목표 과정 상상하기'에 대해서 이야기해 볼게. 이런 상상하기가 목표를 이루는 데 큰 도움이 된다고 말한다면 "에이, 말도 안 돼. 상상이 어떻게 현실이 돼?"라면서 반발하는 친구들이 많을 거야. 그런데 정말이야! 목표를 상상하고 그 과정을 구체적으로 그려보는 게 결과를 달성하는 데 아주 큰 도움이 돼.

다만 이 상상 과정에서 막연하게 긍정적인 미래만 상상하거나 현실의 어려움만 떠올리는 것은 좋지 않아. 긍정적인 미래와 현실의 어려움을 종합적으로 상상해야만 결과에 도움이 되지.

중간고사 국어 시험에서 100점을 받겠다는 목표를 세운 학생이 있다고 가정해 보자. '자신에 대한 만족감과 부모님의 칭찬' 등 '긍정적인 결과'를 떠올린 학생과 '교과서를 읽고 문제집을 풀고 모르는 것은 선생님께 물어봐야겠다'는 '노력의 과정'을 떠올린 학생 중, 누가 더 좋은 점수를 받았을 것 같아? 의외로 노력의 과정을 떠올린 학생이 더 좋은 점수를 받았어.

'국어 시험에서 90점을 맞으면 나는 앞으로 국어에 자신감이 생길 테고, 부모님께도 폭풍 칭찬을 받겠지? 그러려면 하루에 국어 공부 시간을 1시간 더 늘리고 교과서를 더 꼼꼼히 읽어야 해. 국어 공부에 시간을 투자하려면 스마트폰 보는 시간을 줄여야겠어.'

이렇게 목표까지 가는 과정을 머릿속으로 미리 상상해 봐. 이런 방식의 목표 상상하기 공부법은 자기 절제력을 키우고 목표를 성취할 수 있는 가능성을 훨씬 높여주기 때문에 내가 정한 목표를 성취하는 데 큰 도움이 돼.

버킷 리스트

인생을 살면서 꼭 이루고 싶은 목표가 있어? 나만의 버킷 리스트를 만들어봐. 사소하고 별 볼 일 없는 것도 좋아. 실천하는 것이 중요하거든. 하나씩 목표를 이루면 보람도 느낄 수 있을 거야!

올해 or 학창시절 or 인생에서 이루고 싶은 것

『이런 공부법은 처음이야』 완독!   ✔

_____   ☐

_____   ☐

_____   ☐

_____   ☐

_____   ☐

_____   ☐

_____   ☐

_____   ☐

구체적인 목표 세우기

이번엔 어떤 사람이 되고 싶은지 생각해 볼까? 꿈은 분명할수록 좋아. 그러나 당장 답하지 못해도 괜찮아. 꿈과 목표는 조금씩 구체적으로 그려 가도 충분하니, 너무 조급해하진 말자.

먼저 내가 닮고 싶은 사람의 이름을 써볼까?

내가 무엇에 흥미를 느끼는지도 곰곰이 생각해 봐. 잘하는 과목이나 재미있어 하는 과목을 생각해 보는 것도 좋아.

고민과 탐색이 끝났다면, 이제 자신만의 꿈이나 목표를 설정해 봐.

구체적인 계획 세우기

이제 목표를 이루기 위한 계획을 세워볼까? 목표와 마찬가지로 계획도 구체적으로 상상해 보면 좋아. 목표와 계획이 분명해야 과정을 즐길 수 있는 여유가 생기거든.

마침내 목표를 이룬 내 모습을 상상해 봐.

목표를 이루는 과정에서 경험하게 될 장애물을 상상해 봐.

목표를 이루려면 얼마나 노력해야 하는지 상상해 봐.

목표를 이루는 구체적인 날짜를 상상해 봐.

목표를 이루려면 무엇을 해야 하는지 상상해 봐.

나의 공부 타입 찾기

나의 공부 스타일은 숲형일까, 나무형일까? 다음 질문을 읽고 대답해 봐.

더 많이 표시된 쪽이 나의 공부 스타일이야!

숲형	나무형
☐ 새롭게 배운 내용을 나만의 말로 바꾸어 이해하려고 한다. ☐ 한꺼번에 많은 자료를 살펴본다. ☐ 새롭게 공부한 내용이 이미 알고 있는 내용과 어떻게 연결되는지 생각해 본다.	☐ 새롭게 배운 내용이 얼마나 정확한지 확인하면서 공부한다. ☐ 한 번에 한 가지 내용에 집중한다. ☐ 개념 하나하나의 명확한 의미를 정리한다.

타입별 공부법 찾기

앞에서 본 숲형처럼 여러 과목을 한꺼번에 공부하는 스타일을 분산형 공부 스타일이라고도 말할 수 있어. 반면 나무형처럼 한 과목을 모두 끝내고 다른 과목 공부를 좋아하는 스타일을 집중형 고부 스타일이라고도 해. 장단점이 있으니, 장점은 살리고 단점은 보완하는 공부를 해보자.

	분산형	집중형
장점	매번 새로운 마음으로 공부할 수 있다.	시간을 투자해 깊게 공부할 수 있다.
단점	전체를 파악하는 것이 어려울 수 있다.	집중력이 떨어지고 약간 지칠 수 있다.

Tip 분산형은 한 과목의 공부 시간이 다 되었다고 중간에 하는 것을 멈추고 다른 과목으로 그냥 넘어가지 말아야 해. 지금 공부하는 내용을 끝내고 넘어가도록 해. 공부는 내용의 전체 구성을 파악하는 것임을 잊지 말자.

Tip 집중형은 집중력이 떨어질 때 잠깐 쉬고 다시 공부를 시작하는 것도 좋아. 또는 한 과목에 투자하는 시간을 지금보다 약간 줄여서 주의가 분산되지 않고 계속 집중할 수 있도록 계획을 세워보자. 너무 길게 한 과목 공부에 머물다 보면 오히려 지칠 수 있어.

2부

매일 공부가
기대되는 기적

공부 습관 만들기

작심삼일만 반복한다면 공부 습관부터 만들어라

스트레스 없이 저절로 공부가 되는 비밀

"공부하려고 책상에만 앉으면 갑자기 화장실이 가고 싶어요."
"책을 펼치면 졸음이 쏟아지고 집중이 안 돼요."

이런 하소연을 하는 친구들이 주위에 참 많아. 이건 유난히 산만하거나 집중력이 떨어지는 사람이라서가 아니라 '공부 습관'이 제대로 잡혀 있지 않기 때문이야. 그러니까 자기를 탓하거나 포기하는 일은 없었으면 해. 공부 습관만 기르면 다 해결되는 문제거든.

우리는 '꼭 이렇게 해야지'라고 의식하거나 다짐하지 않아도 자연스럽게 거의 매일 반복하는 행동을 '습관'이라고 불러. 예를 들어 밥을 먹기 전에 꼭 손을 씻는다든가 샤워는 반드시 아침에 해야 한다든가 하는 것들이 습관이지.

그럼 습관은 왜 만들어질까? 그 비밀은 우리의 뇌에 숨어 있어. 특정한 행동을 습관화하면 우리 뇌에 필요한 활동 에너지를 효과적으로 절약할 수 있거든. 우리 뇌는 자극을 주지 않고 가만히 내버려 두어도 일상적으로 반복되는 일들은 무조건 습관으로 전환하려고 해. 그렇게 하면 뇌가 처리해야 할 정보의 양이 줄어들어 남는 에너지를 다른 활동을 위해 쓸 수 있으니까 말이야. 정말 신기하지 않아? 뇌가 자신의 일을 효과적으로 하기 위해 스스로 습관을 만들려고 한다니!

그렇다고 우리가 아무것도 하지 않고 가만히 있는데 뇌가 알아서 뚝딱 습관을 만들어주진 않아. 이 닦는 습관을 생각해 봐. 처음에는 엄청 닦기 싫고 귀찮지만, 이를 닦아야 하는 이유를 이해하고 억지로라도 매일매일 닦다 보면 어느새 습관이 돼서 이제는 이를 닦지 않으면 왠지 불쾌한 기분이 들잖아. 그래서 반복이 중요하다는 거야. 하기 싫어도 반복적으로 하다 보면 뇌가 '아, 이건 내 몸의 습관이구나'라고 인식하게 되고, 어느새 내

몸은 이 행동에 익숙해지는 거지.

공부도 마찬가지야. 처음에는 몸이 배배 꼬이고 머릿속에 딴 생각이 떠올라서 집중이 잘 안 되더라도 무조건 책상 앞에 앉아서 공부하는 습관을 들이다 보면 나중에는 누가 잔소리를 하지 않아도 스스로 알아서 공부할 수 있게 돼. 공부하는 시간에 텔레비전에서 아무리 재미있는 만화가 방영된다고 해도 '공부부터 해야지'라고 자연스럽게 생각하게 되는 거야. 그러니까 공부 때문에 스트레스를 받을 일도 없지. 이렇게 할까, 저렇게 할까 갈등을 해야 스트레스를 받는데 습관은 갈등 없이 당연히 하게 되는 일이니까.

작은 노력으로
공부 습관 시작하기

작은 실천으로 좋은 습관 만들기

이런 공부 습관을 가지려면 먼저 생활 속에서 좋은 습관을 갖는 것이 중요해. 우선 '아침 챙겨 먹기'부터 시작해 보면 어떨까?

아침잠이 많은 친구들은 아침 일찍 일어나 아침밥을 먹는 게 부담스러울 거야. 하지만 아침을 먹어야 뇌가 잠에서 깨어나 공부할 준비를 한단다. 밥을 먹느니 잠을 더 자겠다고 생각하는 친구가 있다면 습관을 바꾸도록 노력해 봐. 아침밥을 먹으면 기분이 상쾌해지고 수업 시간에도 집중이 훨씬 잘 된다는 걸 알게 될 거야.

'소리 내어 공부하기'도 공부에 도움되는 습관이야. 뇌가 잘 움직이지 않을 때 입을 움직이면 뇌 활동이 자극을 받거든. 그러니 기억력을 자극하는 효과가 있지. 졸려서 집중이 안 되거나 자꾸 딴 생각이 든다면 자세를 바로잡고 공부할 부분을 소리 내서 읽어봐. 어느새 뇌가 활발히 움직이면서 내용도 머리에 쏙쏙 들어올 거야.

'규칙적인 운동'도 공부하는 데 도움을 주는 아주 좋은 습관이야. 운동은 공부에 도움을 주는 보조적인 역할뿐 아니라, 운동 그 자체로 매우 중요한 활동이야. 건강이 나빠지면 정말 아무것도 할 수 없게 되거든. 어른들이 "건강이 최고야!"라고 말씀하시는 건 결코 빈말이 아니야. 더구나 적당한 운동은 기억력까지 향상시키지. 이미 과학적으로 증명된 사실이야.

처음에는 몸을 움직이는 게 힘들고 귀찮겠지만 일단 무조건 시작해 봐. 운동을 하고 나면 기분이 상쾌해지면서 큰 성취감도 느낄 수 있을 거야. 그렇다고 운동센터에 가서 전문적으로 격렬한 운동을 하라는 뜻은 아니야. 하루 30분 정도만 숨이 차고 땀이 배어나올 정도로 빨리 걷기만 해도 우리 몸은 무척 행복해해. 그러다 운동에 재미를 붙이면 시간을 늘리고 흥미를 느끼는 운동을 정기적으로 할 수도 있겠지.

'혼자만의 생각 시간 갖기'도 공부에 도움이 되는 습관이야. 같은 장소에 오래 머물러 있으면 뇌도 답답해하거든. 뇌에도 휴식이 필요해. 멍하니 앉아서 하늘을 보거나 신선한 공기를 쐬는 것이 습관화된다면 공부를 하기 위한 충전의 시간이 될 거야.

"말은 쉽지만 지키기는 어려워요."

어디선가 이런 투정이 들리는 것 같은데? 그래, 맞아. 좋은 습관은 실천하기 어려워. 그래서 많은 사람들이 매번 좋은 습관 만들기를 새해 목표로 세웠다가 며칠 만에 포기하곤 하지.

대체 우리는 왜 그렇게 좋은 습관을 내 것으로 만드는 데 어려움을 겪는 걸까? 이유는 분명해. '이런 습관이 필요한 이유'를 제대로 알지 못하기 때문이야. 습관은 특정한 행동을 반복하고, 그에 뒤따르는 좋은 보상이 제공되어야 오랫동안 지킬 수 있거든. 그래야 이 과정에서 지루하고 짜증나는 기분도 이겨낼 수 있고 말이야.

그런데 습관의 결과나 그 가치를 모르는데 어떻게 그런 괴로운 과정을 이겨내겠어. 좋은 습관을 만들기 위한 구체적인 방법과 전략보다 '좋은 습관이 형성되면 무엇이 좋은가'에 대해서 먼저 알아야 하는 이유가 바로 여기에 있어. 다시 말해서 내가 왜 그 습관을 가져야 하는지에 대한 분명한 자기인식부터 있어야 한다는 거지.

공부를 잘하려면 '공부를 왜 하는가'에 대한 이유를 알아야 한다고 했던 말, 기억하지? 무엇이든 스스로 납득이 되고 설득되어야 실천에 옮기기가 쉬운 법이야. 부모님이, 때로는 선생님이 아무리 잔소리를 해봐야 왜 그렇게 해야 하는지 스스로 납득하지 못하면 당연히 몸은 움직이지 않아.

그러니까 '왜 좋은 습관을 가져야 하는가'에 대한 이유를 곰곰이 생각해 보는 시간이 반드시 있어야 해. 그래야 남들은 다 어렵고 하기 싫다고 하는 일도 능동적으로 할 수 있는 힘이 생겨.

작은 보상으로 나쁜 습관 없애기

좋은 습관이 왜 필요한지 공감했다면, 이제 좋은 습관을 어떻게 만들지 고민해 보자. 예를 들어서 학교에서 돌아와 그날 공부한 것을 바로 복습하는 습관에 대해 이야기해 볼게.

사실 이것처럼 어려운 게 없어. 세상에는 텔레비전, 컴퓨터, 스마트폰, 게임 등 수많은 것이 우리를 유혹하니까 말이야. 솔직히 이런 것들이 공부보다 재밌고 흥미로운 건 사실이잖아. 하지만 이렇게 수많은 방해물들이 우리를 유혹해도 우리는 공부 습관을 기를 수 있어.

우선 나의 공부에 방해가 되는 습관을 완전히 없앤다기보다 공부에 도움이 되는 습관으로 대체하겠다고 생각을 바꿔봐. 사실 나쁜 습관을 완전히 없애는 건 불가능하거든. 그러니까 나쁜 습관의 빈도수를 줄이고 그 자리에 좋은 습관을 놓겠다고 생각을 바꿔보는 거야.

만약 학교에서 집에 돌아오자마자 텔레비전을 켜는 습관이 있다면, 그 행동을 다른 긍정적인 행동으로 대체하는 거지. 다른 행동으로 대체할 때는 쉬운 행동으로 시작하는 게 좋아. 예를 들어 집에 돌아오면 '책상에 앉기'부터 하겠다고 마음먹는 거야. 아무 의미도 없어 보일지 모르지만 절대 그렇지 않아. 책상 앞에 앉는 습관을 먼저 내 것으로 만들고, 거기에 점차 원래의 목적을 덧붙이는 거지.

처음에는 책상에 앉아서 아무것도 하지 않거나 딴짓을 해도 괜찮아. 하지만 멍하니 앉아서 며칠을 보내다 보면 만화책이라도 읽어 봐야겠다는 생각이 들고, 그렇게 책을 조금씩 읽다가

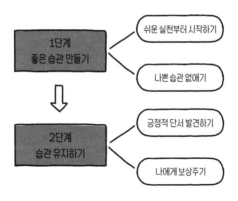

그게 완전히 몸에 익으면 이제 슬슬 공부를 하게 될 거야.

습관을 몸에 붙이는데도 전략이 필요하다는 걸 알겠지? 이런 전략은 습관이 시작되는 신호를 찾는 것과 같아. 사람들은 특정한 단서로 행동을 시작하는 경우가 많거든. 예를 들어 집에 돌아와 책상 앞에 앉는 습관을 만들려면 이런 행동이 시작되도록 하는 단서를 만들어야 해. 내가 좋아하는 만화책을 책상 위에 놓아두거나 간식을 책상에서 먹는 것처럼 말이야. '만화책'이나 '간식'을 습관의 단서로 두는 거야.

21일과 66일로
공부 습관 완성하기

공부 거부감이 기대감으로 바뀌는 시간

열심히 노력한 끝에 이런 습관을 몸에 익혔다면 그다음에는 그 습관을 유지하는 게 중요해. 많은 연구자들이 습관 유지와 관련하여 '21일'과 '66일'을 의미 있는 시간이라고 설명해.

'21일'은 뇌가 습관을 받아들이는 준비 기간이래. 미국 의학 박사이자 심리학자인 맥스웰 말츠는 새로운 행동에 거부감이 사라지는 데 21일이 걸린다고 밝혔어. 기본적으로 우리 뇌는 새로운 것을 접하면 거부감을 느끼거든. 우리가 직접적으로는 느끼지 못하더라도 자기를 방어하는 성향을 보인대.

그럼 '66일'은 무슨 의미냐고? 런던대학교 심리학과 연구팀이 실험을 통해 밝혀낸 숫자인데, 습관이 형성되기까지 평균 66일이 걸린다고 해. 66일은 지나야 사람들이 의무감이나 별다른 생각 없이 그 행동을 하게 된다는 거야.

물론 사람에 따라 이 기간에는 차이가 있고, 어떤 행동이 습관이 되느냐에 따라서도 다른 결과가 나오겠지만 평균적으로 그렇다는 뜻이야. 새로운 습관을 만들기 위해서는 이렇게 긴 시간 동안 인내해야 한다는 걸 알 수 있어.

좋은 습관을 오래 유지하는 비결

습관을 연구하는 학자들은 21일, 혹은 66일을 잘 견디기 위해 '함께 하는 친구'를 만드는 것이 도움이 된다고 말해. 각자의 습관 만들기를 진행하면서 서로의 어려움을 이해하고 격려해주는 친구가 있으면 어려움을 잘 이겨낸다는 거야. 그러니까 마음 맞는 친구에게 같이 좋은 습관을 만들어보자고 제안하는 것도 좋은 방법이야.

같이 할 친구가 없다면 부모님께 함께 해보자고 제안하는 것도 괜찮아. 만약 하루에 1시간씩 책 읽는 습관을 갖고 싶다면 부모님께 같은 시간에 같이 책을 읽자고 제안하는 거지. 장담하건대, '싫다'고 거절하는 부모님은 단 한 분도 안 계실 거야.

어때? '공부는 혼자서 고통스럽게 인내하면서 하는 것'이라는 선입견이 조금 깨지는 것 같지 않아? 물론 공부는 결국 자기 스스로 혼자 하는 것이지만, 그 과정을 누군가와 함께해 봐.

거창한 목표를 세워놓고 혼자서 애쓰다가 포기하지 말고, 주변에 내가 세운 목표를 이야기하고, 함께해주면 훨씬 더 잘할 수 있을 것 같다고 도움을 요청해 봐. 그런 요청을 받은 사람이라면 그 누구라도 적극 도와줄 거야.

성취감으로
공부 습관 강화하기

보상도 건강하게 공부도 건강하게

습관은 처음부터 잘 형성되는 것이 중요해. 한번 형성된 행동이나 습관은 완전히 없어지지 않고 특정 조건에서 되살아난다는 말도 있거든.

세계 최상위 천재들이 모여 있다는 MIT에서 기저핵 실험을 담당했던 앤 그레이비엘 교수는 이와 관련해 쥐 실험을 진행했어. 쥐가 미로 속을 달리는 것이 습관이 될 때까지 쥐를 계속 달리게 한 뒤, 그 후에는 보상을 주지 않는 실험이었어. 보상을 끊자 쥐의 습관은 사라지는 것처럼 보였어. 그런데 시간이

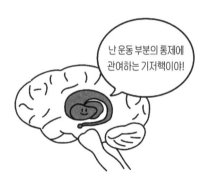

지나고 나서 쥐를 다시 미로에 넣었더니 예전처럼 신나게 달리더래.

이렇듯 한번 몸에 익힌 습관은 언제든지 되살아날 수 있기 때문에 처음부터 나쁜 습관이 생기지 않도록 주의하는 것이 중요해. 만약 이전의 나쁜 습관들이 다시 되살아나려고 하면 이런 방법들을 적용해 봐.

첫째, 좋은 습관이 무너지고, 이전의 나쁜 습관이 나타나는 순간이 언제인지 관찰하는 거야. 몸이 피곤할 때인가? 스트레스가 심할 때인가? 만일 피곤할 때마다 그런 현상이 나타난다면 좋은 컨디션을 유지하기 위해 노력해야 해. 잠을 충분히 자고, 밥을 잘 챙겨먹고, 적당히 운동을 한다면 좋은 습관은 유지될 수 있어.

둘째, 새로운 보상을 찾아보는 게 좋아. 처음 습관을 몸에 익히기 위해서는 스스로에게 보상을 주는 게 좋다는 말, 기억나? 대부분은 부모님이 게임기나 옷 등을 사주면서 결과에 대한 보상을 해주셨을 거야. "이번 영어 시험에서 100점을 맞으면 네가 사고 싶다는 신발을 사줄게." 이렇게 얘기하는 부모님도 계시지.

물론 이런 보상이 성적을 올리는 데 도움이 되는 것도 사실이야. 하지만 그렇게 외부에서 주는 보상보다 내가 스스로에게 주는 보상이 가장 좋아. 가령, '이번 수학 시험에서 저번 시험보다 10점을 올릴 거야'라는 계획을 세우고 그것을 성취했다면 '그주 토요일은 내가 하고 싶은 것만 하면서 보낸다'는 자기 보상을 계획하는 거지.

그런데 문제는 그런 식의 보상이 더 이상 끌리지 않아서 습관을 유지하는 게 시큰둥해질 수도 있어. 그렇다면 자신에게 또다른 보상을 선물해 보는 거야. 이때 주의해야 할 점은 게임하는 시간이나 스마트폰 보는 시간을 늘리는 것 같은 보상은 되도록 피하라는 거야. 그런 것들은 중독성이 있어서 보면 볼수록 더 보고 싶은 마음이 들거든.

그 외에 친구들과 만나서 노는 시간을 가진다거나 영화 보러 가거나 취미생활 시간을 늘리는 등의 보상이면 더할 나위 없이 좋은 보상이지.

공부에 도움이 되는 좋은 습관을 스스로 만들고, 그로 인해 성적이 오르거나 공부에 흥미를 느끼기 시작하면 그 과정에서 무척 큰 성취감을 느낄 수 있어. 이런 성공의 경험과 성취감은 앞으로 어떤 일을 하든 자신 있게 도전할 수 있는 힘을 주지. 그래서 성공 경험을 갖는 게 무척이나 중요해. 거창한 계획을 세워서 중간에 포기하지 말고, 자신에게 맞는 계획을 세워서 그것을 자기 것으로 만드는 성공 경험을 해봐. 아주 작은 계획이라도 성공하고 나면 '다음엔 조금 더 큰 계획을 세워볼까?' 하는 도전의식이 생길 거야.

너희들은 큰 가능성과 능력을 가지고 있어. 그 가능성과 능력을 끄집어내고 더 크게 키워가는 것은 결국 너희들의 몫이고 그건 누구라도 할 수 있는 일이야. 특별한 사람만 위대해지는 건 절대 아니야.

공부가 재밌어지는 순간

자기강화의 공부 효과

교육심리학에서는 스스로에게 주는 보상을 '자기강화'라고 불러. 물론 부모님이나 선생님이 보상을 주는 것도 중요하지만 시간이 지나면 자신에게 스스로 보상할 수 있는 훈련을 하는 것도 중요해. 다시 말해, 목표를 성취했을 때 자기보상을 할 수 있는 여러 가지 방법을 스스로 계획하는 거야.

이런 자기보상이 습관이 되면 스스로에게 자부심을 갖게 되고 외부에서 도움을 주지 않더라도 알아서 학습 의욕을 향상시킬 수 있는 효과적인 디딤돌을 마련할 수 있어.

솔직히 오랜 시간 공부하다 보면 지치고 공부하기 싫어지잖아. 정신적으로나 체력적으로 힘든 것도 사실이고 말이야.

이때 자신에게 주는 적절한 보상은 공부에 대한 만족감과 공부를 지속할 수 있는 힘을 줘. 어떨 때 보상을 줘야 하는지 그 적절한 시기를 자기 자신이 가장 잘 알기 때문에 자기보상의 효과는 다른 사람이 주는 보상보다 효과가 더 클 수밖에 없지.

물론 공부의 결과 그 자체가 보상이 되는 게 최고로 좋은 일이지. '이번에 수학 시험을 100점 맞겠다'는 목표를 정하고 마침내 그 목표를 달성했을 때, 그것만큼 최고의 행복을 주는 보상이 있을까? 자신이 세운 공부의 결과 그 자체를 즐기는 것이 우리가 최종적으로 도달해야 하는 지점이고, 이것이 바로 자기주도학습의 열쇠야.

공부할 때 나의 라이벌은 자기 자신이어야 해. 다른 사람과 비교하는 건 자신감을 떨어뜨리고 스스로를 탓하게 만들거든. 다른 사람의 성적이나 공부에 관심을 두면 둘수록 스트레스도 엄청 쌓여. 그러니까 내가 세운 처음 목표에 얼마나 가까워졌는지 기록해 두고 발전 상황을 기록하는 자기 자신과의 약속이 중요해.

내가 계획한 학습 시간과 실제로 수행한 학습 시간을 비교 분석해서 내가 잘 못하는 과목이나 자꾸 틀리는 내용, 공부가 잘되는 시간대와 그렇지 못한 시간대, 흥미로운 과목과 어려운 과목 등을 파악해서 효율적인 공부법을 만드는 거야. 물론 결과가 나오면 항상 그 결과를 꼼꼼히 분석하는 것도 잊지 말아야겠지. 그래야 다음에 더 좋은 결과를 기대할 수 있으니까 말이야.

자기가 세운 목표를 하나하나 성취해가는 기분은 직접 경험해 보지 못한 사람은 알 수 없는 최상의 기분이야. 그 최고의 보상을 꼭 느껴보길 바랄게.

이야기 되돌아보기

좋은 공부 습관 만들기 - 21일 챌린지

뇌가 새로운 습관을 거부감없이 받아들이는 데 필요한 시간 21일, 우리 이 시간 동안 새로운 공부 습관 하나씩 만들어볼까? 처음에는 책 읽기 같 은 쉬운 습관부터 시작하는 것도 좋아. 매일매일 꾸준히 실천하면서 하나 씩 체크해 봐.

1일차	2일차	3일차	4일차	5일차	6일차
7일차	8일차	9일차	10일차	11일차	12일차
13일차	14일차	15일차	16일차	17일차	18일차
19일차	20일차	21일차	◇ ◇ 변화의 시작!		

좋은 공부 습관 만들기 - 66일 챌린지

21일이라는 시간을 견딘 자신에게 작은 보상을 주면서 66일까지 계속 실천해 봐. 마침내 너의 좋은 공부 습관으로 자리 잡을 거야.

22일차	23일차	24일차	25일차	26일차	27일차
28일차	29일차	30일차	31일차	32일차	33일차
34일차	35일차	36일차	37일차	38일차	39일차
40일차	41일차	42일차	43일차	44일차	45일차
46일차	47일차	48일차	49일차	50일차	51일차
52일차	53일차	54일차	55일차	56일차	57일차
58일차	59일차	60일차	61일차	62일차	63일차
64일차	65일차	66일차	◇ ◇ 변화의 완성!		

습관 강화를 위한 자가진단

좋은 공부 습관이 잘 유지되고 있는지 자가진단을 통해 나를 점검해 봐.

그렇다	아니다	
☐	☐	매일 반복하는 것에서 느끼는 성취감이 예전만 못하다.
☐	☐	매일 반복하는 것에 스트레스를 받는다.
☐	☐	습관을 유지해야 하는 이유를 모르겠다.
☐	☐	몸이 피곤할 때면 예전의 나쁜 습관이 나타난다.
☐	☐	좋은 컨디션을 유지하는 것이 힘들다.
☐	☐	게임을 하거나 스마트폰을 보는 시간이 늘었다.

습관을 만들고 유지하는 것이 말처럼 쉽지 않지? 지금 가장 중요한 것은 '자기강화'의 시간을 갖는 거야. 인내가 필요하지. 너에게 정말 필요한 좋은 습관이 무엇인지 다시 점검하고, 도움이 되는 새로운 보상도 다시 생각해 봐. 함께하는 친구를 만드는 것도 도움이 될 거야.

3부

지치지 않고
갓생 사는 방법

공부 체력 다지기

공부는
장거리 달리기다

긴 레이스에는 메타인지가 필요해

공부할 때는 자신의 공부 과정과 결과에 대해서 천천히 되짚어 보는 습관을 기르는 것이 매우 중요해. 교육심리학 분야에서는 천천히 생각하면서 공부하는 습관과 관련한 중요한 능력을 '메타인지 능력'이라고 하지. '메타인지'란 공부하는 과정이나 사고하는 과정에서 무슨 생각을 하고 있는지, 그리고 자신이 확실하게 아는 것은 무엇이고 모르는 것은 무엇인지 판단하는 능력을 뜻해. 공부 잘하는 친구들은 바로 이런 특징을 가지고 있어. 적극적으로 자신을 평가하고 '내가 어떻게 하면 더 효과적으로 사고할 수 있을까'에 대해 깊이 생각하지.

우리가 알고 있는 지식은 크게 두 가지로 구분할 수 있어. '남들에게 설명할 수 없는 지식'과 '남들에게 설명할 수 있는 지식'. '남들에게 설명할 수 없는 지식'은 친숙할 뿐, 알고 있는 지식이 아니야. 명확하게 '내가 무엇을 알고 있고 무엇을 모르고 있는지' 모른다면 공부하는 과정에서 내가 무엇을 더 공부해야 하는지 곰곰이 생각해야 해. 이것이 바로 '메타인지'야.

이런 메타인지 능력을 키우려면 어떻게 해야 할까? 무엇을 공부했는지 스스로에게 되묻고 점검하면 돼. 그러니까 한 단원을 공부하고 난 다음에 자신이 공부한 내용이 무엇인지 눈을 감고 생각해 보거나 공부한 내용을 보지 않고 노트에 적어보는 거야. 이 방법은 공부가 끝난 뒤 바로 실행하는 것보다 몇 시간 지난 뒤에 하는 게 더 효과적이야. 그러면 자신이 알고 있는 것이 무엇인지, 모르는 것이 무엇인지를 분명하게 알 수 있거든. 이런 방식을 습관화하면 훨씬 더 효과적으로 공부할 수 있어.

하지만 공부를 효과적으로 한다면서 시험에 나오는 문제나 시험에 나올 내용만 중점적으로 공부하는 습관은 바람직하지 않아. 제대로 성과를 내려면 시험에 나오든 나오지 않든 중요한 내용은 완벽하게 자기 것으로 익혀야 해.

오래 생각하는 힘으로 만드는 공부 체력

'가르치는 법'을 가르치는 세계 최고의 석학 켄 베인 박사가 쓴 책 《최고의 공부》를 보면 학습자를 피상적 학습자, 전략적 학습자, 심층적 학습자로 나누고 있어.

'피상적 학습자'는 공부하는 척하는 학습자이고, '전략적 학습자'는 좋은 결과를 위해서 시험범위만 공부하는 사람이야. 반면에 '심층적 학습자'는 '공부한 내용의 뜻이 뭘까? 의미가 뭘까?'를 공부하는 사람이지.

이 중에서 어떤 사람이 '공부'라는 마라톤에서 승자가 될 것 같아? 맞아, 바로 심층적 학습자야. 공부라는 긴 마라톤을 완주하려면 좀 더 고민하는 공부가 필요하다는 뜻이야.

서울대학교 황농문 교수는 자신이 쓴 《몰입》이라는 책에서 이렇게 강조했어.

"우리는 너무 많은 경우에 빠르게 생각하려고 한다. 어떤 과제나 문제에 대해 오랫동안 천천히 생각하는 습관을 키워야 한다."

오랫동안 천천히 생각하는 습관을 키우기 위해서는 어떤 문제에 대해 집중적으로 고민하는 태도를 습관화해야 해. '무조건 열심히 하는 것'보다 '열심히 생각하는 것'이 중요하다는 걸 잊으면 안 돼.

자기효능감의 기적을 믿어라

절대 자신의 능력을 의심하지 말 것

공부할 때 '동기'는 매우 중요한 요소 중 하나야. 부모님이나 선생님, 또는 친구들의 칭찬도 학습 동기를 찾는 데 중요한 요인으로 작용하지만, 스스로가 어떤 생각을 가지고 있는가도 굉장히 중요한 동기가 돼. 특히 '자기효능감'은 학습 동기에 중요한 영향을 미치는 요인이야.

'자기효능감?' 왠지 어려운 말처럼 느껴지지? 쉽게 말해서, 자신의 능력에 대한 믿음을 '자기효능감'이라고 해. 스스로 '나는 능력 있는 사람'이라고 믿는 것과 '나는 안 돼'라고 믿는 것은 결과에서 차이를 보일 수밖에 없어.

자신의 능력에 대한 믿음이 있으면 무슨 일이든 자신감이 생기고, 자신감이 있으면 무엇을 하든 재미있을 수밖에 없거든. 그러니 자연히 공부에 재미가 붙어 성적도 쑥쑥 올라가지.

자기효능감이 그렇게 좋은 거라면 빨리 내 것으로 만들고 싶을 거야. 하지만 자기효능감을 갖기 전에 우선 자기효능감은 성공과 실패의 경험에 영향받는다는 사실을 알아야 해. 생각해봐. 어떤 일을 하든 계속해서 성공해 왔다면 '나는 능력 있는 사람이야'라고 생각하기 쉽고, 무엇을 하든 계속 실패해 왔다면 '나는 잘하는 게 없는 사람이야'라고 생각하기 쉽잖아. 따라서 작은 목표라도 내가 충분히 해낼 수 있는 쉬운 목표를 먼저 세워서 그 목표를 성취해 보는 경험을 갖는 게 좋아.

공부는 재미있어야 꾸준히, 지치지 않고 할 수 있거든. 그 재미는 내가 세운 목표를 내 힘으로 이루어 냈을 때 생겨. 그런데 내 능력 밖의 너무 큰 목표를 세우면 어떻게 될까? 지치고 힘들고, 결국에는 내 자신을 비하하는 마음이 생길 거야.

'내가 세운 계획 하나도 못 지키다니. 너무 게으르고 한심해. 난 왜 이렇게 의지도 끈기도 없을까.'

이런 생각을 하기 쉽다는 뜻이야. 그러니 너무 욕심 내지 말고, 내가 스스로 할 수 있는 쉬운 목표를 먼저 세워봐. 그 목표를 성취하고 나면 '열심히 하니까 정말 되는구나. 내가 지금 할 수 있고, 해야 할 것을 제대로 하는 게 중요해'라는 사실을 깨닫게 될 거야.

요즘 많은 친구들이 선행학습을 하는데, 이것도 잘못하면 독이 돼. 자기의 실력은 초등학교 5학년인데 중학교 1학년 수학 공부를 억지로, 강제로 하고 있다면 어떤 마음이 들겠어. 같이 공부하는 친구들은 다 잘 따라가는데 자기만 못하는 것 같고, 아무리 열심히 이해하려고 해봐야 머릿속에 들어오는 것은 없으니 괴롭기만 할 거야.

공부는 다른 사람을 따라해서도, 유행을 쫓아가서도 안 돼. 자기 자신에게 딱 맞는, 내가 소화할 수 있는 수준의 공부를 해야 해. 따라서 자기에게 맞지 않는 지나치게 빠른 신행학습은 오히려 독이 될 수 있으니 주의하는 게 좋아.

나에게 당당할 때 공부 자신감도 붙는다

자기효능감을 갖기 위한 또 다른 마음가짐은 실수에 너무 집착하지 않아야 한다는 점이야. 사람은 누구나 실수를 해. 중요한 것은 실수를 했다는 그 자체가 아니라, '실수를 통해서 무엇을 배우는가'야. 그러니까 실수했다는 사실에 너무 신경 쓰지 마. 작은 실수 하나하나에 예민하게 굴면 어떤 일을 시작할 때마다 '또 실수하면 어떡하나…' 지나치게 걱정하게 되고, 결국 그 모든 것은 스트레스로 돌아오게 되어 있어.

스트레스는 모든 것을 엉망으로 만들어버리는 최악의 방해꾼이라는 거 잘 알고 있지? 그러니까 만약 시험문제를 몰라서 틀렸다면 왜 몰랐는지, 알고도 틀렸다면 왜 실수를 했는지 분석해서 내 공부의 다음 전략으로 삼으면 돼. 틀리고 실수하는 것도 경험이고, 그런 경험들이 쌓여서 성공의 지지대가 되는 거야.

자기효능감은 다르게 보면 나 자신에 대한 자신감과 당당함이라고 말할 수 있어. 나는 누구와 비교할 존재도 아니고, 가치 없는 존재도 아니야. 지금의 나를 인정하고 이 상황에서 내가 어떻게 해야 더 성장할 수 있는지 돌아볼 때 '자기효능감'은 우리를 슬그머니 찾아오게 돼 있어. 지금의 나를 존중하고 믿어 봐. 그게 곧 무슨 일이든 용기 있게 당당히 해나가는 멋진 내가 되는 첫걸음이야.

자기결정권의
특권을 누려라

눈치 보지 않고 몰입하는 즐거움

혹시 내가 할 일을 스스로 결정하지 못하고 부모님에게 의존하거나 부모님이 대신해 주길 바라곤 해? 만약 이런 성향이 있다면 어서 빨리 고쳐야 해. 부끄러움이 많고 소심해서 부모님이 많은 걸 대신해 주었다는 변명은 통하지 않아. 설령 정말 내성적인 성격이라 부모님의 도움이 필요했더라도 평생을 부모님께 의지해서 살 수는 없잖아. 그러니 지금이라도 고치기 위해 노력해야 해. 공부하는 데 필요한 기초체력 중에 이러한 '자기결정권'은 정말 중요한 자질이야.

자기결정권을 가지려면 먼저 내 스스로 무언가를 해보려고 시도해 봐야 해. 그러기 위해서 내 스스로 '선택'을 해보면 좋아. 어떤 책을 읽을 것인가, 어떤 과목부터 공부할 것인가, 어떤 학원을 갈 것인가도 모두 스스로 선택해 보는 거야.

"부모님이 선택해주면 고민할 필요도 없고 더 좋은 선택이 될 수도 있는데 왜 굳이 내가 선택해야 하지?"

이런 의문을 갖는 친구들도 있을 거야. 물론 어른들이 더 많은 경험을 했으니 더 좋은 선택을 할 수도 있겠지. 하지만 내 선택이 아니기 때문에 책임감도 그만큼 줄어들어.

스스로 선택하면 결정권자가 바로 내 자신이 되고, 그렇게 되면 자신의 결정이기 때문에 훨씬 더 책임감을 갖고 행동할 수 있어. 남이 결정해 주면 남에게 지시받는 하인이 될 뿐이잖아. 하인이 되면 결과로 가는 과정이 즐거울 리가 없지.

중요한 결정을 스스로 선택한다면 즐거운 마음으로 실행할 수 있을 뿐만 아니라, 자신의 선택이 옳은 선택이 될 수 있게끔 최선을 다해야 한다는 책임감도 생겨. 그렇게 되면 그 일에 더 몰입하게 되고, 결국 더 훌륭한 결과를 만들어낼 수 있게 돼.

실제로도 체험학습 프로그램이나 학원을 스스로 선택한 친구들은 오랫동안 흥미를 느끼면서 그 일에 적극적으로 참여해. 활동 자체가 재미도 있겠지만, 자기가 하고 싶은 것을 선택했다는 즐거움이 공부를 해나가는 힘이 되어주는 거야. 그러니까 나와 관련된 일이라면 적극적으로 나서서 의견을 내고 스스로 선택하는 태도를 길러봐.

아이들에게 선택에 대한 결정권을 주었을 때 학습 동기를 더 많이 불러일으킨다는 여러 연구도 있어. 미국의 심리학자들이 컴퓨터를 활용한 수학 수업에서 아이들에게 몇 가지 선택권을 주었더니, 선택권을 누린 아이들이 실제로 좋은 성취도를 보였고, 자신의 능력에 대해 긍정적으로 인식했다고 해.

그뿐만이 아니야. 더 어려운 과제가 주어졌을 때 계속 도전하고 지속하려는 의지도 보였어. 또 글을 읽는 과정에서 과제를 선택할 수 있는 학생들이 그렇지 않은 학생들에 비해 글에 대한 흥미와 감정 이입 수준이 훨씬 높았고, 심지어 생각하고 분석하는 능력도 향상되었대.

물론 선택의 결과에 대해서는 어느 정도 두려움이 생기는 게 당연해.

'내가 선택했다가 일이 잘못되거나 망하면 어떡하지?'

'내 선택이 잘못돼서 나를 원망하고 비난하는 사람이 생기면 어쩌지?'

이런 생각이 들어서 불안할 수 있어. 다른 사람 눈치를 보게 되고 괜히 시간을 허비하는 건 아닐까 두렵기도 하고 말이야. 하지만 자신의 선택에 책임감을 갖게 되고, 자신이 좋아하고 원하는 것을 선택했기에 즐거운 마음으로 몰입할 수 있다는 점이 '자기결정력'을 가진 사람만이 누릴 수 있는 특권이자 행복이라는 사실도 잊으면 안 돼.

자기통제권의 자유를 즐겨라

공부에 재미를 붙이는 특급 처방

'공부하는 과정에서 내가 통제권을 가지고 있을까?'

이런 생각을 해본 적 있어? '자기통제권'은 '공부 과정에 흥미를 느끼는지, 느끼지 못하는지'에 영향을 미치는 결정적인 요인이야. 어떻게 보면 '자기결정권'과 비슷한 개념이라고도 할 수 있어. 자신이 하는 일에 통제권을 가지고 있다는 건 과정에 대한 재미와 의미를 증가시키는 중요한 요인이거든. 반면에 통제권을 갖고 있지 않다면 흥미와 재미를 느끼지 못할 뿐만 아니라, '혹시 내가 실수하면 어떻게 될까'라며 불안을 느끼기도 해.

내가 어떤 일을 통제할 수 있는 권한을 스스로 갖고 있는 것과 남이 일방적으로 나와 관련된 모든 것들을 결정할 때를 비교해봐. 완전히 다른 생각과 태도를 가지게 되는 건 너무 당연하잖아. 자기통제권을 가지면 자신이 해야 할 일들에 대해 부여하는 의미나 가치가 달라질 수밖에 없어.

공부도 마찬가지야. 내가 직접 볼 참고서를 결정하거나 학원을 갈지 말지, 간다면 어떤 학원을 갈지, 어떤 과목에 시간을 더 투자해야 할지 등의 문제를 부모님이나 선생님들이 결정해주면 공부하는 과정이 재미있을까? 억지로 하는 것밖에는 되지 않아. 공부는 내가 해야 하는 일이고, 내 인생을 위한 일인데 그렇게 중요한 일을 내가 선택하고 결정하지 못한다면 나는 꼭두각시밖에 되지 않아.

하지만 자기결정권이나 자기통제권을 발휘할 때 주의해야 할 점도 있어. 내가 경험이 많지 않으니 필요할 때는 누군가의 도움을 받겠다는 열린 마음을 가져야 해. 공부와 관련된 다양한 결정을 해야 할 때, 내가 주체가 되어 능동적으로 결정하고 통제권을 가져야 하지만, 경험 많은 부모님이나 선생님의 의견을 참고할 줄도 알아야 해. 함께 이야기를 나누면서 서로의 의견을 조율하고 토론하는 과정을 거친다면 훨씬 더 좋은 결정을 내리게 될 테니까 말이야.

실패한 공부는 다음 공부의 밑거름이다

자기통제권은 목표를 달성하지 못했을 때 '실패라는 결과를 통제 불가능한 것'으로 두는지, 아니면 '통제 가능한 것으로 두는지'를 결정하기 때문에 실패 이후에 학습 동기가 달라지는 데도 영향을 미쳐.

'나는 재능이 없기 때문에 낮은 점수를 받았어.'
'나는 노력하지 않아서 낮은 점수를 받았어.'

이 중에서 과연 어떤 생각이 나중에 더 좋은 결과를 이끌어 낼까? 재능이 없어서 낮은 점수를 받았다고 생각하는 것은 내가 재능을 통제할 수 없다고 생각하기 때문에 그 후 공부하는 과정에서도 흥미를 느끼지 못할 가능성이 아주 커. 노력도 하지 않겠지. 어차피 해봐야 안 된다고 생각할 테니까.
하지만 '노력'은 내가 충분히 통제할 수 있는 것이기에 이번 실패가 노력하지 않았기 때문이라면 다음부터는 더 많이 노력해서 더 좋은 결과를 만들어내겠다고 결심할 수 있게 되지.

확실히 말할 수 있는 건, 초·중·고등학교 공부는 재능이 차지하는 비중이 얼마 되지 않는다는 거야. 물론 뛰어난 재능과 지능을 가진 사람이라면 공부가 조금 수월할 수는 있겠지. 하지만 초·중·고등학교에서 하는 공부는 노력만으로도 충분히 자기가 원하는 목표를 이룰 수 있는 수준이야. 대단히 천부적인 재능이 있어야만 할 수 있는 어려운 공부는 아니라는 뜻이지.

그러니 나는 머리가 나빠서, 재능이 없어서, 성격이 산만해서 공부를 못한다는 생각은 변명에 불과해. 나의 실수나 실패는 노력으로 충분히 극복할 수 있어. 왜 실패했는지 원인을 파악하고, 그 원인을 보완하는 것이 중요할 뿐이야. 물론 스스로에 대한 믿음도 중요하지. 그게 바로 자기통제권이라고 할 수 있어.

미국의 심리학자 미하이 칙센트미하이는 우리가 어떤 일에 집중하거나 몰입하는 것은 그 과제가 도전적이면서 그 과제를 다룰 수 있는 능력과 기술을 개인이 가지고 있을 때 가능하다고 말했어. 내가 그것을 다룰 수 있는 능력이나 기술을 갖고 있지 못하다면 절대 몰입을 경험할 수 없다는 뜻이지.

그의 말에 따르면, 사람들은 자신의 능력과 기술을 넘어선 일이라면 오히려 불안을 느낀대. 따라서 내가 관리할 수 있는 범위, 즉 도전적이지만 스스로가 그것을 다룰 수 있는 능력과 범위 내에서 학습 활동이 이루어져야 공부에 흥미를 느낄 수 있다는 뜻이야.

공부는 내 스스로가 하는 것이라는 주인의식과 통제권이 왜 중요한지 이제 알았지? 스스로 선택하고 결정하는 '자기선택권'과 그 과정 전체를 스스로 관리할 수 있는 '자기통제권'을 가져야 공부가 재미있고, 더불어 공부의 기초체력도 더 단단해진다는 사실, 꼭 기억해!

행복한 공부법의 발견

행복감은 좋은 성적을 만든다

행복감과 공부가 관계있다는 말 들어본 적 있어? 아마 많은 친구들은 화들짝 놀라며 손사레를 칠 거야.

"행복하다가도 공부만 하면 스트레스 받고 불행해져요."
"행복이랑 공부가 무슨 관계가 있어요? 행복한 공부는 말도 안 되는 소리예요."

이런 아우성들이 들리는 것 같은데? 하지만 자신의 생활에

1위	네덜란드
2위	노르웨이
3위	스페인
4위	오스트리아
5위	덴마크

⋮

22위	대한민국

한국 어린이·청소년 행복지수

(단위:%)

■ 물질적 가치
■ 개인적 가치
□ 관계적 가치

행복지수 상위 그룹의 가치 선호도

만족하고 행복감을 느끼면 공부도 잘할 가능성이 무척 높아. 모든 것이 불만스럽고 불안하고 짜증나고 화가 나는데 공부를 잘한다는 건 거의 불가능에 가까운 일이지.

우리나라 학생들이 그다지 행복하지 않다는 건 통계가 말해주고 있어. 국제아동권리기구 세이브더칠드런과 서울대학교 사회복지연구소가 함께 진행한 '국제 아동 삶의 질 조사'에서 한국 어린이들의 삶의 질은 35개국 중 31위에 그쳐 최하위권을 기록했어.

그뿐만이 아니야. 2021년 말 한국방정환재단이 공개한 '한국 어린이·청소년 행복지수' 연구 결과에 따르면 조사 대상인 경제협력개발기구(OECD) 22개국 중 한국 어린이·청소년의 행복지수가 22위로 꼴찌를 차지했어. 해당 조사의 내용을 자세히 살펴보면 '행복을 위해 필요한 것'으로 돈, 성적 향상, 자격증처럼 '물질적 가치'를 언급한 학생들이 가장 많았어. 가족·친구처럼 '관계적 가치'와 건강·자유·종교 같은 '개인적 가치'는 비교적 낮게 나타나 우리나라 학생들이 물질 소유에 가치를 두고 있다는 것이 드러났지.

재미있는 건 관계적 가치가 행복을 위해 필요하다고 대답한 학생들의 행복점수가 상대적으로 높게 나타났다는 점이야. 이

게 무슨 의미일까? 물질적 가치에 우선순위를 두고 그것을 좇는 아이들보다 사랑이라든가 우정에 더 큰 가치를 두는 아이들이 훨씬 행복하다는 뜻이야.

아무것에도 관심을 두지 않고 오로지 공부 잘하는 것이 목표가 된다면 그 누구도 행복할 수 없어. 우리나라 학생들의 학업 스트레스가 집중되는 시기는 고등학교 때지만, 조사에 따르면 초등학생의 경우에도 세 명 중 한 명꼴로 '공부 때문에 너무너무 힘들다, 내 삶이 행복하지 않다'라고 답했대.

이렇게 불행한 상황에 놓여 있다면 과연 공부를 잘할 수 있을까? 설령 공부를 잘한다 하더라도 그게 행복할까? 절대 그렇지 않을 거야. 공부에 대해 과한 스트레스를 받으면 삶에 대한 의욕을 잃어버리게 돼. 그러면 공부뿐만 아니라 친구 관계, 가족 관계, 일상생활 자체가 다 싫고 부담스러워지기 시작하지. 공부 스트레스 때문에 일상이 모두 파괴되는 거야. 아마 지금 이런 상황에 놓인 친구들도 있을 거야.

공부 스트레스에 무너지지 않기

그렇다면 어떻게 해야 공부 스트레스를 줄일 수 있을까? 일

단 공부를 왜 해야 하는지 의미를 찾아야 해. 앞에서도 이야기했지만, 공부는 자신의 삶의 목표를 이루기 위한 수단이 되어야 해. 다시 말해서 행복해지기 위해 공부를 이용해야 하는 거야. 공부 자체가 삶의 목표가 되어서는 행복하게 공부할 수 없어.

공부의 의미와 목표를 찾았는데도 스트레스가 쌓인다면 그때그때 바로 풀어버릴 수 있는 자신만의 노하우를 찾는 것도 중요해. 왜 스트레스가 쌓이는지 가까운 친구나 부모님, 선생님께 털어놓는 것도 좋은 방법이고, 공부와는 전혀 다른 취미생활을 즐겨보는 것도 무척 좋은 해결책이야.

어차피 우리는 공부를 해야 돼. 꼭 좋은 대학에 가기 위해서가 아니라, 공부는 우리를 더 좋은 사람으로 성장시키는 디딤돌이기 때문이지.

우리는 공부를 통해서 시험성적을 올리고 대학을 가고 취직을 하지만, 그런 결과를 위해서 공부를 하는 건 아니야. 시험에서 빵점을 맞아도, 대학에 가지 않아도 공부는 필요해. 왜냐하면 공부는 우리가 살아가는 데 필요한 기초 상식과 생활 태도를 가르치고, 같이 살아가는 가치와 세상을 보는 시각을 넓혀주거든.

성적과는 상관없는 이런 보이지 않는 공부를 통해 우리는 각자의 가치관을 세우고 인생을 살아가는 힘을 기르게 돼. 그렇기 때문에 많은 나라에서 아이들이 의무적으로 교육을 받아야 하는 기간을 정해놓는 거야. 공부는 단지 시험이나 성적만을 위한 게 아니야. 인간 됨됨이를 가르치고 더 자유롭고 풍요롭고 가치 있게 생각하는 법을 가르치지.

그러니 이왕 해야 하는 공부라면 행복하고 최대한 스트레스를 피해가며 공부해 보는 건 어떨까? 행복한 공부는 불가능해 보이지만, 사실은 충분히 가능한 일이야!

공부가 재밌어지는 순간

유혹을 물리치는 법

공부를 하려고 책상 앞에 앉으면 눈앞에 다 끝내지 못한 게임 화면이 보이고, 좋아하는 아이돌 얼굴이 아른거리지 않아? '게임 조금만 더 하고 싶다.' '친구랑 놀고 싶다.' '텔레비전 보고 싶다.' 이런 생각이 들 거야.

누구나 유혹에 빠질 수 있어. 우리 주위에는 즐길거리가 너무 많으니까 말이야. 부모님은 나중에 하고 싶은 것 실컷 할 수 있으니 조금만 참으라고 하지만 그게 말처럼 쉽나?

우리는 모두 유혹에 약하지만 그렇다고 유혹을 물리칠 수 있는 힘이 없는 건 아니야. 교육심리학 분야에 '만족 지연'이라는 개념이 있는데, 지금 당장 하고 싶은 일을 바람직한 미래를 위해서 참는 능력을 가리키지.

'만족 지연'이라는 말은 1966년에 스탠포드대학교 교수였던 월터 미셸 박사가 진행한 실험에서 유래되었어. 월터 박사는 아이들 앞에 달콤한 마시멜로를 놓아두고 15분 동안 마시멜로를 먹지 않고 참으면, 그 뒤에 마시멜로를 하나 더 주겠다고 제안했어. 물론 성공한 아이도, 실패한 아이도 있었지.

그런데 재미있는 건 15분을 참아낸 아이들이 나중에 학생이 되었을 때 문제행동을 덜 보이고 성적도 더 높았대. 지금 당장 하고 싶은 것을 참을 줄 아는 능력, 이것이 이후에 자기가 성취하고자 하는 결과를 얻는 데 매우 중요한 힘이 된다는 것을 보여준 실험이야.

그럼 어떻게 해야 '만족 지연' 능력을 기를 수 있을까? 여기서 기억해야 할 것은 바람직한 결과를 위해서 현재를 참아낼 수 있는 힘은 지금 하고 있는 일이 즐거울 때 온다는 사실이야. 행복해야 충동적이거나 부정적인 선택에 빠지지 않는다는 뜻이지. 앞에서 소개한 마시멜로 실험에서도 15분을 참은 아이들은 기다리는 동안 노래도 하고, 손과 발을 이용한 놀이도 하면서 그 상황에서 할 수 있는 즐거운 행동을 했대.

우리도 마찬가지야. 현재 생활에서 즐거움과 흥미를 느껴야 미래에 성취할 수 있는 바람직한 결과를 위해 지금의 유혹에서 벗어날 수 있어. 다시 말해서 지금 자신의 생활이나 공부에서 즐거움과 흥미를 느낄 수 있어야 한다는 뜻이지. 가족 간에 화목하고 친구와도 사이가 좋으면 미래를 위해 오늘을 참아내는, 그리고 더 열심히 노력하는 힘을 얻게 된다는 거야. 내가 행복해야 공부에서도 즐거움을 느끼고 심각한 스트레스 없이 자신의 미래를 위해 즐겁게 걸어갈 수 있어.

만약 지금 전혀 행복하지 않다면, 너무나 불행하고 무엇을 해도 재미가 없다면 당장 책을 덮고 마음을 치료하는 데 더 관심을 기울여야 해. 결국 공부도 행복하려고 하는 거니까 말이야.

이야기 되돌아보기

자기결정권

내 스스로 무언가를 해보려고 시도하고 선택하는 '자기결정권'은 공부하는 데 정말 중요한 자질이야. 다음 세 가지 유형 중 나는 어디에 해당될까? 조금 극단적일 수 있지만 드라마 〈SKY 캐슬〉 속 캐릭터들에서 볼 수 있는 유형으로 나눠봤는데 함께 살펴볼까?

리벤저스 유형
통제의 자율성
"내 생각은 중요하지 않아. 엄마아빠 생각대로 의대 진학을 준비하고 있지."
억압적 관계성
"성적이 안 나오면 눈치가 보여. 1등 못하면 밥 먹을 자격도 없어."
복수의 유능감
"보란 듯이 의대 합격하면 나는 바로 독립할 거야."

꼭두각시 유형
학습코디의 자율성
"엄마나 선생님이 계획을 세워주지 않으면 어떻게 공부해야 할지 모르겠어."
수단적 관계성
"OO은 공부를 잘해서 친하게 지내고 싶어. 공부 못하는 친구는 필요 없어."
경쟁의 유능감
"이번에 OO보다 등수가 적게 나와서 화가 나. 다음엔 반드시 이길 거야."
소크라테스 유형
책임의 자율성
"내 자신을 탐색할 시간이 필요해. 내 미래는 스스로 결정하고 싶어."
지지적 관계성
"엄마아빠도 친구도 나를 무조건적으로 지지해 줘. 든든한 지원군들이야."
자기주도 유능감
"사교육이 도움은 되겠지만 내 노력만으로 실력 발휘할 자신이 있어."

공부에 필요한 세 가지 필수 욕구

스스로 공부하는 힘을 가진 사람들은 다음의 세 가지 욕구가 긍정적으로 채워져 있다고 해. 그래서 즐겁고 열심히 공부할 수 있는 거지. 나의 세 가지 욕구는 어떤 상태인지 생각해 볼까?

자율성		
□ 그렇다	□ 아니다	내가 하고 싶은 일을 자유롭게 선택할 수 있다.
관계성		
□ 그렇다	□ 아니다	나는 다른 사람과의 관계에서 안정감을 느낀다.
유능감		
□ 그렇다	□ 아니다	내 자신이 유능한 존재라고 느낀다.
만약 아니라고 답했다면, 세 가지 욕구를 긍정적으로 바꿀 수 있는 방법을 생각해 봐.		

만약 아니라고 답했다면, 세 가지 욕구를 긍정적으로 바꿀 수 있는 방법을 생각해보자.

4부

공부에도
기술이 필요해

공부 전략 세우기

1등급 성적을 위한 시간 관리법

천재들은 시간 관리도 잘한다

공부를 왜 해야 하는지 의미를 찾았고, 공부에 필요한 기초체력도 키웠다면 이제 본격적으로 공부 전략을 세워볼까? 공부도 똑똑하게 전략적으로 해야 적은 시간을 투자해서 최고의 효과를 볼 수 있거든.

자, 그럼 시간 관리 전략을 배우기 전에 먼저 이와 관련된 멋진 일화를 남긴 교육심리학 분야의 위대한 두 학자, B. F. 스키너와 에드워드 손다이크를 소개할게.

우선 스키너는 행동주의 심리학(인간의 의식이 아닌, 객관적으로 관찰되는 인간의 행동을 분석 대상으로 삼은 심리학)이라는 분야를 만든 위대한 심리학자 중 한 명이야. 그는 석사와 박사과정을 하버드대학교에서 마쳤는데, 놀랍게도 이 학위 과정을 2년 만에 끝냈어.

그 원동력은 바로 철저한 시간 관리에 있었지. 스키너는 일주일, 한 달, 1년을 기준으로 계획을 세우고, 자신이 세운 계획을 엄격하게 실천했어. 스키너가 하버드대학교에서 공부한 2년 동안 계획을 지키지 않은 시간은 단 15분뿐이었다는 이야기가 전설처럼 전해지고 있지.

그럼 손다이크는 어떻게 공부했을까? 교육심리학의 아버지라고 불리는 손다이크는 주말마다 시간 계획을 세웠는데, 돌아오는 주의 시간 계획만 세우는 것이 아니라 지난주에 자신이 세웠던 시간 계획을 어느 정도 지켰는지 반드시 자기평가를 했다고 해.

그는 '나는 학자이기 때문에 하루의 50퍼센트 이상은 공부하고 연구하는 데 보내겠다'는 원칙을 가지고 있었어. 그래서 어떤 일을 한 뒤에는 바로 그것을 기록하고 성과를 평가했지. 매일 4~5시간을 공부한 손다이크는 교육심리학계에서 가장 많은 이론과 논문을 쓴 학자로 손꼽히고 있어.

어때? 정말 철저하고 체계적으로 공부한 학자들이지? 이들의 공통점은 시간 관리를 철저하게 했다는 점이야. 누구에게나 똑같이 주어지는 24시간을 어떻게 관리하느냐가 내가 세운 목표를 이루느냐 못 이루냐의 열쇠를 쥐고 있다는 걸 이 두 학자를 통해 알 수 있어.

시간 관리에도 전략이 필요하다

그럼 어떻게 해야 시간을 똑똑하게 관리할 수 있을까? 첫째, 하루가 아닌 일주일 단위로 계획을 세워봐. 이렇게 시간을 계획하면 좀 더 넓게 자신이 해야 할 일을 볼 수 있고, 체계적으로 계획을 짤 수 있어. 한 달이나 1년 단위로 계획을 짜면 그 범위가 너무 넓어서 세밀하고 체계적인 계획을 세우기가 어렵고, 하루 단위로 계획을 짜면 내가 이루어야 할 큰 목표가 전체적으로 눈에 들어오지 않아.

하지만 일주일 간격으로 일정을 짜면 모든 일정이 한눈에 잡히기 때문에 계획을 지키기가 훨씬 쉬워져. 그리고 만약 사정이 생겨서 계획을 지키지 못했더라도 못 다한 일을 마무리할 시간을 확보할 수 있게 되지. 또한 일주일 단위로 계획을 세우면 전체적인 일정 내에서 지금의 내가 어떻게 시간을 보내고 있는지 평가할 수 있어. 이런 자기 점검은 시간을 더 효율적으로 활용할 수 있게 해주지.

그런데 그 일주일 중 주말은 평일과는 조금 다르게 계획하는 게 좋아. 일주일 내내 똑같은 시간표대로 움직인다고 생각하면 너무 답답하잖아. 그러니까 주말에는 반나절은 하고 싶은 것을 마음대로 할 수 있는 시간으로, 나머지 반나절은 공부로 채우는 게 좋아. 쉴 때는 편안하게 쉬어야 다음 일주일 동안 공부할 수 있는 에너지를 충전할 수 있거든.

주말에는 좋아하는 친구를 만나거나 운동, 쇼핑, 산책 등 평일에는 시간이 없어서 하지 못했던 일을 해봐. 그리고 남은 반나절은 부족한 공부를 보충하거나 취약 과목을 공부하는 등 공부에 투자하는 게 좋겠지.

앞에서도 말했지만 공부는 감이 중요하고 리듬을 잃지 말아야 하거든. 그러니 단 하루라도 공부를 완전히 놓아버려서는 안 돼. 대신 날짜별로 시간을 조정하면서 자유 시간을 즐기면 되는 거야.

둘째, 시간 관리의 또 다른 핵심은 피드백이야. 다음 주 계획을 세우기 전에 이번 주 계획을 들여다보면서 반드시 자기 점검을 해야 해. 잘한 점은 무엇이고, 부족한 점은 무엇이었는지 꼼꼼하게 체크해서 반성하고, 그 부분을 다음 일주일 계획에 반영해야 해. 이 과정에서 스스로에게 이런 질문을 던져봐.

1. 내가 쓸 수 있는 시간 중에서 공부 시간은 얼마나 되었을까?
2. 전체 공부 시간 중 스스로 공부한 시간은 얼마 정도일까?
3. 전체 공부 시간 중 중요 과목에 투자한 시간은 얼마일까?

내가 쓸 수 있는 시간의 70퍼센트 이상은 공부를 해야 해. 그리고 그중 3분의 1 이상은 스스로 공부한 시간이어야 하고. 하루 3~5시간 정도 스스로 공부하는 시간을 갖는다면 상당한 성과를 맛볼 수 있을 거야.

학원을 많이 다니는 친구들은 다 공감할 텐데, 학원을 다니다 보면 혼자 공부하는 시간보다 학원이나 과외 쌤이 내주는 숙제하느라 정신이 하나도 없잖아. 이런 수동적인 공부는 잠깐은 좋은 결과를 낼 수 있을지 몰라도 길게 봤을 때 힘을 잃고 말아.

여러 번 강조했지만 공부는 마라톤 경주야. 그 긴 시간 동안 남에게만 의지해서는 그 경주에서 완주할 수 없어. 남에게 의존

하는 공부는 어려움에 부딪히면 금방 좌절하고 버텨내지 못하거든. 만약 전체 공부 시간의 반 이상이 학원 가고 과외 받는 시간이라면 과감히 줄이는 용기를 내야 해.

셋째, 전체 공부 시간의 60퍼센트 이상은 영어, 수학 등의 중요 과목에 투자해야 해. 초등학교 때부터 영어와 수학의 기초가 탄탄하지 않으면 중고등학교 때 성적을 유지하기 힘들어. 그러니 중요 과목에 초점을 맞춰 공부하면서 다른 과목과 균형을 이루도록 시간을 설계하는 게 좋아.

한정된 시간에 특히 유용한 시간 관리법

시간 관리 방법을 알았으니 이제 좀 더 구체적으로 공부하는 방법에 대해 이야기해 보자. 우리에게는 누구나 하루 24시간 똑같은 시간이 주어져. 하지만 생활방식과 환경이 다르니 각자만의 공부법이 있을 거야.

그런데 혹시 공부를 많이 하는데도 그만큼 성적이 오르지 않아서 고민한 적 있어? 아마 고개를 끄덕이는 친구들이 많을 거야. 그건 공부를 무턱대고 하기 때문이야. 똑같은 시간을 가지고도 좀 더 효율적으로 공부하는 방법이 있어.

먼저 중요 과목인 국어, 영어, 수학은 매일매일 공부해서 감을 유지하는 게 중요해. 초등학교 때뿐만 아니라 중고등학교 때도 국어, 영어, 수학은 아주 중요한 과목이거든. 그러니 이 과목들은 매일매일 30분이라도 반드시 공부하는 습관을 들여야 해. 특히 영어, 중국어, 프랑스어, 일본어처럼 '언어'를 배울 때는 더욱 그렇지.

공부를 하다 보면 다른 과목보다 유난히 어렵고 성적도 잘 안 오르고, 그러다 보니 점점 더 하기 싫어지는 과목이 있지? 그런 과목일수록 집중적으로 공부해야 해. 생각해 봐. 내가 잘하는 과목을 공부할 때는 집중이 잘 되고 이해도 빨리 되잖아. 그러니까 못하는 과목의 수준을 끌어올리려면 한동안은 잘하는 과목보다 못하는 과목에 시간을 더 많이 투자해야 해.

부족한 과목은 일주일에 두 번에서 세 번 정도 다른 과목보다 더 많은 시간을 투자하는 게 좋아. 2시간 이상씩 집중적으로 공부하는 거지. 시간을 많이 투자하면 개념을 정확하게 이해할 수 있는 시간도 늘어나겠지? 완벽하게 이해해서 내 것으로 만들지 않았는데 시간에 쫓겨 대충 넘어가면 그건 영원히 내 것으로 만들 수 없어.

공부가 재밌어지는 순간

모범생의 계획표

스스로 세운 계획을 잘 지켜나가려면 계획표를 만들어 눈 앞에 붙여놓는 게 좋아. 그래야 지켜야겠다는 의지가 생기거든. 특히 방학 기간에는 학기 때보다 시간이 많기 때문에 계획표를 짜서 그대로 실천하는 게 좋아. 그럼 계획표는 어떻게 짜는 게 좋을까?

방학 계획은 방학 시작 전에 세우는 게 좋아. 학기가 마무리 될 때 즈음에 미리 방학 계획을 세워야 한다는 뜻이야. 방학이 시작되고 1~2주 아무 생각 없이 시간을 보내다 보면 그런 느슨한 생활이 익숙해져서 방학을 통째로 날려버릴 수도 있거든. 적어도 방학 시작 1주일 전에 계획을 짜서 1주일 정도의 워밍업 시간을 갖는 게 좋아.

방학 계획을 세울 때는 가능한 한 큰 단위로 시간 계획을 세우는 걸 추천해. 하루 단위가 아닌 일주일 단위, 시간 단위가 아닌 블록 단위로 계획을 짜는 거야.

일주일 단위로 계획을 짜면 내가 성취하려는 계획의 방향성이 한눈에 보여. 그러니까 일주일별로 큰 계획을 세우고, 그 일주일 단위 계획을 지키기 위해 매일 어떤 과제를 실천해야 하는지 세부적으로 계획을 세우면 좋지.

그러고 나서 블록 단위로 계획을 세우는데, 하루를 오전, 오후, 저녁 3개의 블록으로 나눈 뒤, 그 블록별로 할 일을 계획하는 거야.

'방학 동안 내 취약 과목인 수학 성적을 10점 올리겠다'라는 계획을 세웠다고 가정해 보자. 그럼 오전 블록에는 수학 개념 공부와 문제집 한 단원 풀기, 오후 블록에는 운동, 저녁 블록에는 수학 오답 노트 만들기와 책 읽기를 계획하는 식이지. 보통 오전에는 집중력이 높으니까 수학을 집중적으로 공부하되, 매일 공부할 분량을 구체적으로 적어놓는 것도 좋은 방법이야.

하지만 여기서 주의할 점! 계획을 시간 단위나 15분 단위처럼 너무 세부적으로 세우면 좋지 않아. 왜냐고? 이렇게 잘게 쪼개진 계획은 엄청난 스트레스를 주거든. 우리가 로봇도 아니고 어떻게 그렇게 시간 단위, 분 단위로 계획을 지켜나갈 수 있겠어. 그러니까 계획을 세울 때는 일주일 단위, 블록 단위와 같이 큰 단위에서부터 시작한 뒤, 그 안에서 조금 더 구체적인 계획을 세우는 게 가장 좋아.

공부 잘하는
학생들의 질문법

고대 그리스 천재들의 공부 비결

많은 친구들이 공부 잘하는 학생들은 뭐가 다른지 궁금할 거야. 분명 다른 점이 있으니까 공부를 잘할 테니까 말이야. 그 비밀을 알려줄까? 공부 잘하는 학생들은 공통적으로 깊이 있는 생각을 해. '깊이 있는 생각'이란 질문하면서 답을 찾아간다는 뜻이지.

고대 그리스의 철학자 플라톤이 쓴 책들을 보면 소크라테스가 자신의 제자들을 가르친 방법이 나와. 그 방법이 바로 질문과 대화야. 질문을 해서 제자들이 더 의미 있는 생각을 하도록 이끄는 거지. 이게 바로 소크라테스의 유명한 교육법인데, 이 방법은 고대 귀족들을 위한 공부법으로 사용되었을 뿐만 아니라, 지금도 서구의 명문대학에서 사용되고 있는 매우 유용한 공부법이야.

'질문을 하는 것'이 왜 중요한지 궁금하지 않아? 질문을 하면 자신이 알고 있는 것과 모르고 있는 것에 대해 분명하게 점검할 수 있거든. 유대인의 교육법도 이와 연관되어 있어. 세계에서 가장 똑똑한 민족으로 알려진 유대인은 노벨상 수상자의 30퍼센트 이상을 배출했고, 미국의 명문대학에도 유대인 학생의 비율이 30퍼센트가 넘는 걸로 알려져 있어. 그러다 보니 사람들은 궁금해하기 시작했지.

"도대체 유대인들은 아이들을 어떻게 교육하길래 저렇게 똑똑한 아이로 키우는 거지?"

하브루타로 생각의 깊이 더하기

유대인의 교육법에서 핵심은 '질문'이야. 이 교육법을 '하브루타'라고 하는데, 나이나 계급, 성별에 관계없이 두 명이 짝을

지어 서로 논쟁을 통해 진리를 찾는 방법을 가리키지.

유대인들은 도서관이든 교실이든 식당이든 어디에서든 서로 질문하고 답하는 것에 익숙해. 부모는 자녀가 학교에 갔다 오면 "학교에서 뭘 배웠니?"라고 묻지 않고 "학교에서 무슨 질문을 했니?"라고 묻는다고 해. 질문의 중요성을 알기 때문이지.

그런데 우리는 어때? 질문하지 않는 조용한 학생들로 유명하잖아. 아마 다들 경험해 봤을 거야. 수업 중에 선생님이 "질문 있어요?"라고 물어보면 아무도 손을 들지 않는 상황을 말이야. 이건 어린이나 청소년들뿐만 아니라 대학생이 되고 직장인이 되어서도 마찬가지야. 누군가 "질문 있나요?"라고 물어보면 아무도 질문하지 않는 우리. 우리는 왜 질문을 하지 않을까?

그 이유 중 하나는 '무엇을 알고 무엇을 모르는지' 판단하지 못하기 때문이야. 따라서 질문의 시작은 무엇을 모르는지 아는 것에서부터 시작해. 그래야 모르는 것을 질문할 수 있을 테니까. 그러니까 공부할 때 모르는 게 있으면 단순히 '잘 모르겠네.' 하고 넘어가지 말고, 무엇을 모르는지, 알고 싶은 것이 무엇인지 정확히 정리해서 적어놓는 것이 중요해.

뭘 모르는지 잘 알고 있지만 질문을 하면 사람들이 "쟤는 왜 저렇게 튀려고 하지?"라고 숙덕거릴까 봐 겁이 나서 입을 꾹 닫고 있는 친구들도 있을 거야. 우리나라의 수업 자체가 자유롭게 질문하고 답하는 분위기가 아니라 질문하기 부담스러운 것도 사실이야. 그럴 때는 질문 노트에 모르는 것을 정리한 다음에 수업이 끝난 뒤 선생님을 찾아가 따로 물어보는 것도 매우 좋은 방법이야.

질문을 하기 시작하면 생각의 깊이가 달라지기 시작한다는 것을 깨달을 수 있을 거야. '질문하는 습관'은 꼭 공부에만 적용되지 않아. 세상의 모든 일을 궁금해하고 알고 싶어 하는 호기심은 창의적이고 깊이 있는 생각의 시작이니까 말이야.

예습보다 중요한
복습의 노하우

완전히 내 것으로 만드는 복습법

예습과 복습 중에 무엇이 더 중요하다고 생각해? 물론 예습과 복습 모두 중요하지만 굳이 고르라면 복습이 조금 더 중요해. 배운 내용을 내 것으로 확실하게 만들려면 복습만큼 효과적인 것이 없거든. 따라서 공부할 때는 복습에 더 큰 비중을 두는 게 좋아.

선생님에게 개념 설명을 들으면 그 당시와 직후에는 내용을 다 아는 것 같아. 하지만 이건 온전한 내 것이 아니야. 일주일 정도만 지나도 그 내용의 약 60퍼센트를 기억하지 못하는 망각현상이 일어나거든. 따라서 선생님께 개념을 배우고 나면 꼭 복습을 해야 완전한 내 것으로 만들 수 있어.

하지만 복습도 무작정 하는 것보다 체계적으로 하는 게 훨씬 더 큰 효과를 볼 수 있어. 그럼 지금부터 복습 효과를 최고로 끌어올리는 방법을 알아볼까?

우선 복습할 때 처음 공부한 시간과 복습하는 시간 간의 간격이 너무 가까우면 안 돼. 즉 처음 학습한 시간과 복습한 시간 사이에 시간 간격을 두는 것이 복습의 효과를 더 높일 수 있어. 이것을 '간격 효과'라고 하는데, 학습한 내용이 조금씩 잊힐 때 복습해야 더 오래 기억할 수 있다는 뜻이야.

이와 관련된 유명한 실험이 한 가지 있어. 버클리대학교의 심리학과 교수 케펠 제프리는 아이들을 두 집단으로 나누고 각 집단에 여덟 번의 복습 시간을 주었어. 함께 공부를 하고 난 다음, 첫 번째 집단에게는 하루에 여덟 번을 복습하게 하고, 두 번째 집단에게는 4일에 나눠서 하루에 두 번씩 복습하게 했지. 마지막 여덟 번째 학습이 끝나고 일주일 후에 두 집단이 내용을 얼마나 잘 기억하고 있는지 확인했는데, 어떤 결과가 나왔을 것 같아?

하루에 여덟 번 복습한 첫 번째 집단은 공부한 내용의 30~40

퍼센트 정도만 기억했지만, 네 번에 걸쳐서 여덟 번을 복습한 집단은 내용의 80퍼센트 이상을 기억하고 있었어. 똑같이 여덟 번을 복습했는데도 두 집단 사이에 이렇게 차이가 나타난 이유는 '복습을 하루에 몰아서 했는가, 나눠서 했는가'의 차이에서 비롯된 거야.

"그날 배운 것은 그날 복습해"라고 말하는 부모님이나 선생님들이 많을 거야. 많은 친구들이 그렇게 생각하고 있을 테고 말이야. 물론 노트 정리나 그날 배운 것을 간단하게 복습해야 하는 것은 맞지만, 그날 바로 복습하고 내내 그 내용을 들춰보지 않는다면 복습 효과는 없어.

추천하고 싶은 방법 중 하나는 일주일 동안 배운 내용을 주말에 쭉 복습하는 거야. 이건 상당히 좋은 방법이지. 복습하는 방법은 각자 다를 거야. 어떤 친구는 공부한 내용을 훑어보는 방식으로 공부할 테고, 어떤 친구는 시험 보듯이 문제를 풀어가면서 복습하기도 할 거야. 둘 중에서 더 효과적인 방법은 '시험을 치르듯이 문제를 푸는 복습'이야.

이렇게 문제를 풀면 '내가 뭘 알고 있고, 뭘 모르고 있는지' 좀 더 깊이 있게 알 수 있어. 그런 평가를 바탕으로 이번 주에 무엇을 공부했는지 점검하면 정리가 잘된 공책을 읽는 것보다 더 오랫동안 내용을 기억할 수 있단다.

정리해서 말하자면, 수동적으로 공부하기보다 능동적으로 공부하라는 거야. 눈으로만 읽는 공부 말고 손을 움직여 직접 문제를 풀어보는 공부, 선생님이 가르쳐주는 공부에만 의존하지 말고 그것을 직접 다시 공부해서 완전히 내 것으로 만드는 공부. 이것이 세상에서 제일 오랫동안 기억에 남는 공부법이라는 뜻이지.

공부가 재밌어지는 순간

효과적인 노트 필기법

노트 필기를 잘해야 공부를 잘한다는 말이 잘 이해되지 않는 친구들도 있을 거야. 그런데 정말 그래. 노트 필기를 잘 못하면 나중에 공부한 내용을 정리하는 게 어려워지거든. 정리를 해놓아야 그것을 보고 복습할 수 있잖아. 따라서 노트 필기를 잘하는 것도 공부 잘하는 기술이라면 기술이지.

노트 필기를 잘하려면 먼저 예습하는 시간을 갖는 게 좋아. 예습을 하면 선생님 말씀을 이해하기 쉬워서 노트 필기를 하는 데 그만큼 정리가 쉬워지고 여유가 생기거든.

노트 필기를 못하는 학생들이 흔히 저지르는 실수 가운데 하나가 모든 내용을 다 적으려고 하는 거야. 그러다 보니 내용을 이해하고 받아들이기보다 필기하는 데 온 정신을 집중하는 상황이 일어나지. 이런 상황을 주객전도라고 하겠지?

노트 필기의 핵심은 '핵심어'를 적는 거야. 모든 내용을 다 적으려고 하지 말고 핵심어가 무엇인지 적어야 해.

그다음에는 핵심어를 중심으로 내용을 좀 더 덧붙여 가는 거야. 필요하다면 친구의 노트와 자신의 노트를 바꿔 보면서 자신이 놓친 부분이 있었는지 살펴보고, 만약 그렇다면 그 부분을 보완하는 게 중요해. 물론 친구와 노트를 바꾸어 보기 전에 내 노트 필기를 스스로 완성해야 해. 나는 아무것도 필기하지 않고 남이 쓴 내용을 그대로 베끼는 건 공부에 도움이 안 되거든.

노트 필기의 핵심은 생각하면서 정리하는 것이기 때문에 스스로 생각해서 노트 필기를 한 뒤에 다른 사람의 노트와 비교해 보는 것이 좋아.

약어를 쓰는 방법도 추천할 만해. 예를 들어 '자기존중감' 같은 단어는 '자존'처럼 줄임말을 쓰는 거지. 이렇게 하면 노트를 정리하는 데 걸리는 시간을 단축할 수 있어. 필기를 다 못해서 중요 개념을 놓치면 안 되잖아.

공부한 내용을 잘 알아볼 수 있도록 깔끔하게 정리하는 것도 중요해. 하지만 너무 깔끔하게 정리하려고 시간을 낭비한다면 중요한 내용을 놓쳐버리는 실수를 하게 되니까 내가 알아볼 수 있게끔 잘 정리하면 되는 거야.

가끔 노트 필기를 예술작품처럼 공들여 하는 친구들이 있지? 수많은 색볼펜을 사용해서 알록달록 예쁘게 말이야. 이렇게 하려면 시간과 정성이 많이 들어서 정작 잘 들어야 할 중요 내용을 놓칠 수가 있어.

노트 필기한 내용을 다시 한 번 정리할 때 표나 그래프, 그림 등을 첨가하는 방법도 아주 좋은 방법이야. 간단한 그림을 그리면 기억하기 좋고, 표나 그래프 등을 그려보면 나의 생각을 좀 더 체계적으로 정리할 수 있는 시간을 갖게 되거든.

노트 필기는 한 번 작성하는 것으로 끝나는 게 아니야. 복습하면서 계속 첨가하는 게 중요해. 그래야 깊이 있는 공부를 할 수 있게 돼.

이런 방법으로 노트 필기를 하면 나중에 시험 공부할 때 참고서나 교재보다도 더 큰 도움을 받게 될 거야.

성적 끌어올리는 시험 공부법

완벽한 시험 준비를 위한 33법칙

내가 세운 공부 계획이 잘 실현되고 있는지 알 수 있는 방법은 여러 가지가 있겠지만, 그중 시험 성적도 빼놓을 수 없어. 시험 성적은 자신감을 줄 뿐만 아니라 고학년으로 올라갈수록 진학에 중요한 부분을 차지하기 때문에 잘 관리하는 게 좋아. 지금까지 평상시에는 어떻게 시간 관리를 해야 효율적으로 공부할 수 있는지 이야기했으니, 이제 시험 기간에는 시간 관리를 어떻게 해야 하고 시험공부를 어떻게 해야 하는지 알아보자.

시험 기간에 시간 관리는 숫자 '3'이 핵심이야. 아마 많은 친구들이 시험공부를 언제부터 시작해야 하는지 고민할 거야. 시험공부는 '3주' 전에 시작하는 게 좋아. 그때부터 일주일 단위로 세운 목표에 따라 전체 내용을 적어도 '3번' 반복해서 보는 걸 추천해.

시험 3주 전에는 시험 범위를 완벽하게 이해하는 쪽으로 공부하는 게 좋아. 교과서, 노트 필기, 전과, 자습서를 중심으로 각 과목의 주요 개념이나 전체 내용을 정확하게 이해하는 게 중요해. 사회나 과학 과목은 이해한 내용을 바탕으로 중요한 내용을 요약·정리하고, 쉬운 문제집을 정해서 시험 범위를 풀어보는 게 좋아.

시험 공부는 3주 전부터
3번 반복해서 볼 것!
33법칙!

그리고 시험 기간에 꼭 해야 하는 일 중 하나는 시험에 대한 기본 정보를 잘 모으는 거야. 생각보다 많은 친구들이 시험 기간과 시험 시간표, 과목, 시험 유형, 범위, 출제자에 대한 기본적인 사항을 제대로 파악하지 못해서 시험 직전까지 혼란스러워하더라고. 이런 작은 정보를 알고 있으면 시험에 더 자신감 있게 임할 수 있으니까 소홀히 여기면 안 돼.

시험 2주 전에는 문제를 집중적으로 풀어야 해. 각 과목별로 나한테 가장 적합하다고 생각되는 문제집을 한 권씩 풀어보는 게 좋아. 문제를 집중적으로 풀면서 내가 무엇을 잘 이해하고 있고 무엇을 이해하지 못하고 있는지 점검하는 시간을 가져야 해.

문제를 풀 때 틀린 부분은 반드시 표시하고 다시 확인하는 것도 잊지 마. 과목별로 오답 노트를 만들어서 시험 보기 전에 다시 한 번 보고 익히는 게 좋지. 그리고 시험 3주 전에 요약한 내용을 반복해서 읽어보는 걸 추천해.

시험 1주 전에는 공부한 내용을 통합하고 종합문제를 풀어보는 것으로 마무리해야 해. 과목별로 교과서와 노트 필기를 다시 한 번씩 읽어보면서 그동안 공부한 내용을 마무리하는 거지.

'중간고사 대비' '기말고사 대비'처럼 전체 시험 범위를 종합

한 문제집을 풀고 꼼꼼하게 확인하면서 마무리 짓는 것도 꼭 필요해. 스스로 예상문제를 만들어 풀어보는 것도 좋겠지. 그러고 나서 과목별로 정리한 오답 노트를 보면서 틀린 문제들을 확인하고 다시 한 번 풀어보는 것으로 마무리하면 돼.

이쯤 되면 시험 준비를 완벽하게 한 것 같겠지만 여기서 끝이 아니야. 시험 보기 일주일 전에는 내가 알고 있는 것과 잘 모르는 것을 다시 한 번 확인하는 시간을 가져야 해.

실전에서 미끄러지지 않는 10퍼센트의 법칙

그런데 이렇게 시험 준비를 잘 해놓고도 막상 실전에서는 시간 관리를 못해서 시험을 망치는 친구들이 있어. 그러면 그동안 성실하고 열심히 공부한 게 너무 아깝잖아. 그러니까 실제 시험을 볼 때 시간 관리를 어떻게 하는지도 매우 중요해.

우선 시험 볼 때는 '10퍼센트의 법칙'을 지키는 것이 좋아. 즉 전체 시험 시간이 60분이라고 하면 시험이 시작된 직후 6분, 시험이 끝나기 직전 6분을 시험 전략 시간으로 활용하는 거야.

시험이 시작된 직후 10퍼센트의 시간에는 전체적으로 시험 문제가 어떻게 출제되었는지 훑어봐야 해. 문제에서 확인하고 답해야 하는 것이 무엇인지 파악하면서 기억을 활성화시켜 시험을 잘 치르도록 하는 전략이지.

그리고 시험이 끝나기 직전 마지막 10퍼센트의 시간은 검토하는 데 쓰는 게 좋아. 문제가 요구하는 대로 답을 했는지, OMR 카드에 답을 잘못 옮겨 적지는 않았는지, 부호나 단위는 제대로 썼는지, 서술형 문제에 오탈자는 없는지, 개념이 헷갈려서 잘못 푼 문제는 없는지 등을 확인해서 아는 문제를 실수로 틀리는 일이 없도록 다시 한 번 확인하는 시간을 갖는 거야.

물론 우리가 시험을 위해서 공부하는 건 아니야. 하지만 시험은 공부하는 데 꼭 필요한 단계야. 시험이 없다면 내가 얼마만큼을 알고 있는지 확인할 길이 없으니까 말이야. 그러니 내가 공부한 시간이 헛되지 않도록 시험 준비를 요령 있게 해야 해. 그래야 실력보다 시험을 못 봐서 속상해하는 일이 생기지 않아.

서울대생이 말하는 몰입의 비밀

공부의 질을 높이는 환경을 만들어라

'어떻게 하면 몰입할 수 있을까?'

이 문제는 많은 학생들과 선생님, 부모님들의 고민이야. 공부나 일에 몰입하게 만드는 환경은 사람마다 달라. 빌 게이츠는 '정리가 잘된 환경'에서 집중을 잘했대. 다른 것들로부터 방해받지 않도록 깔끔하게 정리된 책상에서 일하고 공부했지. 하지만 아인슈타인은 자료나 책들이 마구 흐트러진 상태에서 그때그때 필요한 자료를 찾아가며 공부를 했다고 해.

누군가는 조금의 흐트러짐도 없는 깔끔한 책상에서, 또 다른 누군가는 어수선함 속에서 세상을 놀라게 하는 일들을 창조해 내지. 중요한 것은 주변 환경이 얼마나 깨끗한가 아닌가가 아니라, 내가 얼마나 심리적으로 '편안함을 느끼는지'가 중요해. 사람마다 안정감을 느끼는 환경이 다르니까 말이야.

서울대학교 재학생을 대상으로 중고등학교 시절의 학습 경험을 분석한 적이 있는데, 조사 학생들 중의 반은 독서실이나 도서관처럼 조용한 곳에서 공부하는 걸 선호했다고 답했고, 나머지 반은 카페나 공개적인 장소에서 공부하는 걸 선호했다고 답했어.

이 설문조사가 말해주듯이 자신이 집중할 수 있는 장소를 스스로 선택하는 게 중요해. 그러니까 내가 사람들이 많은 곳에서 공부하는 것을 좋아하는지, 아니면 독립적으로 혼자만의 공간에서 공부하는 것을 좋아하는지 잘 생각해 봐. 더불어 다른 사람과 경쟁하는 분위기에서 집중이 잘 되는지, 아니면 편안하고 안정적인 환경에서 더 공부가 잘되는지도 곰곰이 생각해 보면 좋겠지.

공부 환경을 만들 때 기억해야 할 몇 가지가 있어. 아무리 내가 좋아하는 환경을 만든다 해도 스마트폰, 컴퓨터, 만화책처럼 공부에 방해가 되는 것들은 옆에 두지 않는 게 좋아. 우리를 유혹하는 것들이 옆에 있으면 누구든 집중하기 어려울 거야. 이런 방해 요인들을 가까이 두지 않는 것만으로도 집중력을 높이는 효과가 있으니까 공부하는 장소에는 이런 물건들이 없도록 정리하는 게 좋겠지.

공부하는 장소를 여러 군데 만드는 것도 좋은 방법이야. 공부를 반드시 한 곳에서만 할 필요는 없거든. 같은 장소에 오랫동안 앉아 있으면 지루하기도 하고 피곤하잖아. 그럴 때 시간대별로 장소를 이동하거나 집중력이 떨어질 때 장소를 옮기면 집중력 향상에 도움이 되기도 해.

공부가 잘되는 환경을 만들었다면 이제 본격적으로 어떻게 하면 집중력 있게 공부할 수 있는지 알아봐야겠지?

공부는 1시간 이상씩 길게 하는 게 좋아. 특히 취약 과목이나 주요 과목의 경우에는 30분 미만의 짧은 단위로 잘라서 여러 과목을 공부하는 것보다 시간을 길게 투자하면서 개념을 정확히 이해하고 확실히 알고 넘어가는 것이 중요해. 긴 시간 동안 집중해서 살펴보고 종합적인 사고 과정을 거쳐야만 핵심적인 내용과 그 내용들 간의 관계를 파악할 수 있거든.

가장 효과적인
주말 공부 계획

공부 계획에 휴식도 포함해야 하는 이유

이러한 몰입의 시간은 주말에도 이어져야 해. 주말마다 2~3시간 정도의 블록 시간을 계획해서 공부해 봐. 특히 이 시간은 '백업 공부' 시간으로 활용하면 좋아. 즉 주중에 못 지킨 공부 계획을 보충해서 완료하는 시간으로 활용하는 거야. 사실 평일에는 학교나 학원에 다니고, 그곳에서 내준 숙제를 하느라 계획을 지키기가 쉽지 않잖아. 이럴 때 주말을 백업 공부 시간으로 활용하면 주간 단위 계획을 지킬 수 있지.

만약 평일 동안 계획을 잘 지켜서 밀린 공부가 없다면 주말에는 뭘 하면 좋을까? 하고 싶은 걸 하면서 쉬는 시간으로 쓰면 돼. 일주일 계획을 완벽하게 달성했으니 주말엔 나에게 선물을 주는 거야.

'계획을 잘 세우는 것, 시간 관리를 잘 하는 것, 집중력을 높이는 환경을 만드는 것, 1시간 이상 이어서 공부하는 것.' 이것이 우리가 지금까지 배운 집중력을 높이는 방법이야. 하지만 집중력을 높이는 데 이것만큼이나 중요한 게 또 있어. 바로 잘 쉬는 거야. 누가 불러도 모를 만큼 집중해서 공부하는 사이사이에 휴식을 잘 취해야만 일정 수준 이상의 집중력을 발휘할 수 있고, 활력도 유지할 수 있어.

잘 쉬려면 무엇보다 뇌가 쉬어야 해. 공부하느라 애쓴 뇌를 쉬게 해야 공부한 내용을 잘 처리해 저장하고, 새로 공부할 내용을 잘 받아들일 수 있거든. 따라서 휴식을 취할 때는 머리를 쓰면 안 돼. 그런데 많은 친구들이 휴식 시간에 컴퓨터 게임을 하거나 친구들에게 문자를 보내거나 유튜브를 보더라고. 어떤 친구들은 머리를 식힌다면서 만화책을 읽기도 하고 말이야.

이런 행동들은 우리 뇌를 피곤하게 만드는 활동이야. 특히 컴퓨터나 스마트폰으로 게임이나 인터넷 서핑을 하는 것은 그 잔상과 자극이 남아 오히려 집중력을 떨어뜨려.

그런 활동보다는 편안히 앉아서 간식을 먹거나 음악을 들으면서 눈을 감고 있는 등 뇌를 사용하지 않는 활동을 하는 게 좋아. 가벼운 운동도 좋겠지. 산책이나 스트레칭을 하면 집중력은 물론이고 지구력까지 높일 수 있어. 특히 이런 운동은 오랫동안 앉아 있는 고정되거나 불균형한 자세 때문에 생기는 여러 질병을 예방할 수도 있어.

잘 먹고, 잘 자고, 잘 몰입하고, 잘 쉬는 것. 이것이 공부 천재가 되는 가장 빠른 길이야.

3대 공부 도우미
활용법

주변 사람을 활용하면 공부에 속도가 붙는다

공부는 혼자서 하는 것이지만, 내 공부를 도와주는 서포터들을 적극 활용하면 더 좋은 결과를 얻을 수 있어. 공부에 도움이 되는 3대 서포터가 있는데, 하나하나 살펴보고, 어떻게 활용하면 좋을지 이야기해 보자.

첫째, '선생님'은 공부에 없어서는 안 되는 가장 중요한 서포터야. 선생님은 학교에도 학원에도 있고, 과외 선생님도 있지. 우리가 '쌤'이라고 부르는 모든 선생님들은 적극적이고 열심히 공부하는 학생들을 좋아하고, 어떻게든 학생들을 돕고 싶어 해.

이건 공부를 잘하고 못하고의 문제가 아니라 태도의 문제지. 그러니까 언제든 학생들을 도울 준비가 되어 있는 선생님들에게 적극적으로 다가가면 많은 도움을 받을 수 있어.

선생님을 내 공부를 도와주는 서포터로 만들기 위해서는 두가지 방법이 있는데, 첫 번째는 바로 '눈맞춤'이야. 학교 수업은 기본적으로 선생님 한 분이 많은 수의 학생을 상대해. 그렇기 때문에 선생님은 자신과 눈을 맞추며 적극적으로 상호작용하는 학생들을 중심으로 수업을 할 수밖에 없어.

선생님들은 수업을 적극적으로 듣는 학생이 잘 모르겠다는 표정을 짓고 있으면 그 부분을 상세히 설명하고, 잘 알고 있다는 눈빛을 보내면 속도를 내서 진도를 나가지. 자연스럽게 선생님과 학생 사이의 심리적인 거리가 줄어드는 거야. 이렇게 바르고 적극적인 수업 태도만으로도 선생님을 내 공부에 도움이 되는 상대로 만들 수 있어.

선생님을 나의 서포터로 만드는 두 번째 방법은 '질문하기'야. 수업 시간에 질문하기가 쑥스럽다면 모르는 부분은 메모해 두었다가 교무실로 선생님을 찾아가거나 수업이 끝난 뒤 선생님께 질문해도 좋아. 세상의 모든 선생님들은 학생들의 질문을 좋아해. 그만큼 공부에 관심을 가지고 있다는 뜻이니까. '혹시 선생님이 귀찮아하는 건 아닐까?' 고민할 필요가 전혀 없다는 뜻이야.

선생님 다음으로 내 공부에 최고의 서포터가 될 수 있는 대상은 바로 함께 공부할 '친구'야. 여기서 이 친구는 '라이벌'이 아니라 도움을 주는 사람, 즉 '조력자'라고 할 수 있어. 라이벌 관계는 일시적으로 성취를 높여줄 수는 있어. 하지만 공부다운 공부가 아닌 성적에만 집착하는 공부를 하게 만들 가능성이 매우 커. 내가 얼마만큼 성장했는가가 아니라, 내가 상대보다 얼마나 잘했는가에 초점을 맞추는 공부를 한다면 얼마나 스트레스를 많이 받겠어.

라이벌보다는 서로 응원해 주고 동기를 부여해 주는 친구, 지칠 때 서로를 북돋아 주고 위로해 주는 친구를 만드는 게 더 중요해. 이런 친구는 공부에 도움이 될 뿐만 아니라 인생을 함께하는 영원한 친구가 될 수도 있단다.

성적이 오르는 참고서 활용의 4원칙

내 공부를 도와주는 서포터 중에서는 '참고서'도 빼놓을 수 없어. 참고서 없이 공부하는 학생들은 아마 거의 없을 거야. 그러니까 이 참고서를 최대한 잘 활용해서 최고의 효과를 얻어야 겠지? 그럼, 참고서 활용하는 방법을 알아볼까?

첫째, 가장 쉬운 참고서부터 푼다.
둘째, 개념 정리 위주의 참고서를 푼 후에 문제 중심의 참고서를 푼다.
셋째, 문제 하나를 풀 때마다 채점하는 습관은 피한다.
넷째, 오답풀이는 철저하게 한다.

참고서를 선택할 때 가장 중요한 제 1원칙은 '가장 쉬운 참고서부터 시작한다'는 거야. 개념을 쉽게 설명하는 참고서를 선택해야 해. 누구의 도움 없이 스스로 읽고 이해할 수 있을 정도의 수준이어야 하지. 혼자서도 개념을 이해하고 정리할 수 있어야 자신감이 생기고, 어려운 문제를 접해도 생각하며 풀 수 있는 능력을 키울 수 있거든.

이런 기본적인 참고서를 다 푼 다음에는 그보다 조금 어려운 참고서를 선택해야 해. 이때는 문제 중심으로 된 참고서를 활용하는 게 좋아. 문제 중심 참고서를 볼 때는 단원 초반에 정리된 개념 정리는 건너뛰고 문제풀이를 먼저 하는 게 도움이 돼. 첫 번째 참고서가 개념 중심의 참고서였으니까 그 부분은 건너뛰어서 시간을 절약하자는 거야. 어차피 문제를 풀면서 한 번 더 개념이 정리될 테니까 말이야.

문제를 채점한 후에는 틀린 문제를 중심으로 왜 틀렸는지 확인하는 과정에서 참고서에 정리된 개념을 살펴보는 게 좋아. 그래야 내가 무엇을 알고 무엇을 모르는지 보다 명확히 알 수 있으니까. 이렇게 하면 훨씬 더 적극적으로 평가 활동과 사고 활동을 할 수 있게 돼.

하지만 문제 하나를 풀 때마다 내가 문제를 제대로 풀었는지 확인하는 습관은 좋지 않아. 문제를 처음부터 끝까지 다 풀고 난 다음에 맞은 문제는 무엇인지, 틀린 문제는 무엇인지 확인하는 게 좋아. 한 문제를 풀 때마다 답을 확인하면 스스로 생각하기보다는 빨리 답을 확인하고 싶어 하는 습관이 들거든. 공부할 때는 생각의 과정을 참고 기다리고 즐길 수 있어야 해. 답이 틀렸는지 맞았는지가 중요한 게 아니야.

더불어 틀린 문제는 왜 틀렸는지 철저하게 확인하는 게 정말 중요해. 오답 풀이를 제대로 하지 않으면 문제집을 푸는 내내 틀리는 연습을 했다고도 할 수 있어. 그러니 채점하면서 틀린 문제나 헷갈렸던 문제는 확실히 표시하고 확인해야 해. 물론 맞은 문제도 해설지를 꼼꼼하게 읽으면서 문제의 의도를 파악하려 노력해 보는 게 좋지. 오답이 왜 오답인지, 답은 어째서 답인지, 그 문제와 선지를 구성하는 근거도 명확히 알아내려는 적극적인 사고 과정이 필요해. 그렇게 되면 나의 사고력과 논리력이 쑥쑥 자라겠지?

그런데 이렇게 했는데도 성적이 잘 오르지 않고, 그러다 보니 흥미가 떨어져서 공부가 재미없는 친구들도 꽤 있을 거야. 그럴 때 부모님은 과외를 해보자거나 학원을 다니라고 말씀하시곤 하지. 하지만 과외나 학원 같은 사교육은 신중하게 생각해서 결정하는 게 좋아. 친구들도 다 다니니까, 사교육을 안 하면 왠지 나만 뒤떨어지는 것 같으니까, 혼자서 공부하기 힘드니까 같은 이유로 사교육을 받으면 그것만큼 힘들고 스트레스 받는 일도 없어. 따라서 내가 학교 수업이나 참고서만으로는 너무 힘들다 싶은 과목이 있을 때만 사교육을 받아야 해. 내가 정말 필요성을 느낄 때 사교육을 받아야 효과도 나타나는 거야.

사교육이 필요하다는 판단이 들었다면 부모님과 의논해서 과외가 좋을지 학원이 좋을지, 학원에 간다면 어떤 학원을 선택할지 등을 스스로 선택해야 해. 사교육도 결국은 내가 공부하지 않으면 절대 효과를 볼 수 없기 때문에 언제 사교육을 받고 언제 복습을 하고 예습을 할지도 미리미리 계획을 짜야 해.

　그리고 사교육을 받을 때 가장 중요한 점! 선행학습을 위한 사교육은 하지 않는 게 좋아. 선행학습보다는 철저하게 복습 중심으로 사교육을 하는 게 좋아. 배워야 할 내용을 완벽하게 자기 것으로 만들고 난 후에 그다음 단계를 공부해야 그 지식이 내 것이 되거든. 그런데 그런 과정을 다 무시하고 무작정 선행학습을 하면 이해도 못한 내용을 단순히 암기만 하게 되고, 결국엔 진도를 위한 공부를 하게 될 수밖에 없어. 그런 선행학습 중심의 사교육은 아무 도움도 되지 않아.

　따라서 사교육은 학교공부를 확실하게 잡는다는 것에 주안점을 두고, 필요한 경우 한 학기 이내의 내용만 선행학습하는 걸 추천해. 공부도 내 수준에 맞게, 차근차근 밟아 나가야 오래간다는 점, 잊으면 안 돼.

공부가 재밌어지는 순간

공부 능률 두 배 올리기

친구가 공부에 방해된다는 것도 다 옛말이야. 친구와 함께 공부하면 오히려 공부 능률을 더 높일 수 있어. 물론 방법이 따로 있지.

첫째, '피어 튜터링peer tutoring'이라는 방법이야. 피어 튜터링 은 학습자가 다른 학습자를 돕고 가르치면서 학습하는 방법 을 가리켜. 쉽게 말해서 '선생님 놀이'라고 할 수 있어. 즉 학 습자들이 서로 학습 결과를 공유할 뿐만 아니라, 그 결과를 얻기 위한 과정도 함께하는 방식이지.

예를 들어 친구끼리 서로 자신 있는 과목을 맡아 서로에게 가르치는 거야. 이 방법은 상대 친구의 공부를 도와주는 학습법이기도 하지만, 본인의 강점을 더욱 강하게 만들 수 있는 학습법이기도 해. 나 혼자 알고 있는 것과 내가 알고 있는 것을 다른 사람에게 가르친다는 것은 꽤 많이 다르거든. 내가 알고 있는 지식을 다른 사람에게 설명하고 이해시키다 보면 자신의 지식을 더 강화하고 응용할 수 있는 힘이 생겨. 이렇게 강화된 지식은 절대 잊어버리지 않지.

친구에게 설명을 들은 상대 학습자도 도움을 받기는 마찬가지야. 모르는 것은 편하게 물어볼 수 있고, 이해될 때까지 설명을 더 해달라고 요구할 수도 있으니까 재미있게 공부할 수 있어. 가르치는 학생이나 배우는 학생 모두에게 효과적인 방법이라고 할 수 있지.

두 학습자 모두 모르는 부분을 각자 공부해서 이해한 뒤, 서로에게 설명하는 방법도 매우 좋은 공부법이야. 둘 다 모르는 부분이 있으면 각자 개념을 완벽히 이해하고, 예상문제를 뽑아 오는 거야. 그러고 나서 함께 모여 각자 공부한 내용을 다른 친구에게 설명해 주고, 서로 뽑아 온 예상 문제를 돌아가며 풀어보면 이 개념은 절대 잊어버릴 수가 없어.

둘째, 서로의 목표를 공유하는 공부 공동체를 만드는 것도 좋은 방법이야. 마음에 맞는 친구끼리 모여서 서로의 목표를 이야기하고 나누면 목표를 성취하겠다는 동기가 강해지거든. 목표를 이루려고 노력하는 서로의 모습에 자극을 받기도 하고, 자신이 말한 목표를 지키기 위해 더 노력하기도 하지.

만약 중요한 시험이 있다면 3주 전쯤에 친구들끼리 모여서 시험 목표와 목표를 이루기 위한 계획을 각자 세우고, 그 계획을 서로 공유한 뒤에 계획을 지켰는지 서로 점검하고 의견을 나누어보는 거야. 힘들 때면 서로를 격려하기도 하면서 말이야.

이런 공부법은 학년이 높아질수록 큰 효과를 볼 수 있어. 단, 이런 공부 공동체를 만든다면, 같이 모여서 함께 공부하기보다 공부는 각자 따로 하고, 공부의 결과를 함께 공유하면서 의견을 나누는 게 좋아. 특정한 날에만 서로의 공부를 도와주는 방식으로 진행해야 공부에 방해가 되지 않거든. 괜히 공부 핑계를 대면서 친구랑 만나 수다만 떨면 안 되잖아.

공부를 방해하는
장애물 극복법

혹시 나도 스마트폰 중독?!

'나는 스마트폰에서 자유롭다'고 생각하는 사람 있어? 아마 거의 없을 거야. 많은 청소년들이 스마트폰이 없으면 불안함을 느끼고, 심지어는 일상생활을 못하기도 해. 이런 사실은 조사로 도 확인됐는데, 여성가족부가 2022년 4월 전국의 청소년 127만 3,020명을 대상으로 조사한 '2022년 인터넷·스마트폰 이용습관 진단조사' 결과를 보면, 우리나라 청소년들이 얼마나 인터넷과 스마트폰에 중독되어 있는지 알 수 있어.

이 조사에서 응답자의 18.5퍼센트가 중독 위험군으로 나타났어. 그러니까 청소년 100명 중 19명가량이 인터넷 또는 스마트폰에 중독 증상을 보이고 있다는 뜻이지. 지난해보다 3퍼센트가량 늘어난 수치야. 스마트폰과 인터넷 모두에 심각하게 의존하는 중복 위험군도 6.9퍼센트나 됐어.

문제는 최근 3년 사이에 초등학생들의 위험군 수치가 눈에 띄게 증가하고 있다는 점이야. 위험군은 초등학교 4학년에서 8.3퍼센트 늘었는데, 이 증가폭은 중학생이나 고등학생보다 가파르다고 해.

스마트폰은 마치 '독이 든 사과'처럼 우리에게 달콤함을 주는 동시에 많은 문제점을 일으키기도 해. '팝콘 브레인'이라는 말 들어봤어? 튀긴 팝콘처럼 빠르고 강한 정보에만 반응하고, 사람

혹시 내가
스마트폰 중독인가?

의 감정이나 느리게 변화하는 실제 상황에 대해서는 무감각해진 뇌구조를 가리키는 말이야. 한 연구팀이 인터넷을 하루 10시간 이상 사용하는 대학생 18명과 2시간 미만으로 사용하는 대학생 18명의 뇌를 MRI 영상으로 촬영했는데, 인터넷을 하루 10시간 이상 사용하는 대학생의 뇌에서 생각 중추를 담당하는 회백질의 크기가 줄어들어 있는 걸 확인했대. 스마트폰이나 SNS처럼 즉각적으로 반응이 나타나는 디지털 첨단기기에 익숙해진 결과, 현실에는 둔한 반응을 보이고 무기력해지도록 뇌가 변형되어 버린 거야. 팝콘 브레인은 학생들의 성적뿐만 아니라, 사고 능력과 현실 적응 능력까지도 떨어뜨린다고 하니 큰 문제가 될 수 있지.

스마트폰이 확산되면서 일어나고 있는 또 하나의 중요한 문제는 따돌림이야. 따돌림이 학교에서 끝나지 않고 하교 후에도 계속적으로 확산, 증폭되고 있는 거지. 스마트폰의 보급과 함께 확산된 '카카오톡'이 새로운 의사소통 수단이 되면서 일명 '카따' 현상이 등장한 거야.

'카따'는 카카오톡이나 카카오스토리처럼 카카오톡과 연계된 SNS를 통해 친구들을 괴롭히거나 따돌리는 것을 말해. 카카오톡에서 같은 반 친구에 대해 욕을 하거나 따돌리는 것은 물론

이고, 반 전체가 참여하는 '단체 카톡'을 통한 따돌림 문제도 아마 한 번쯤 들어보거나 경험해 본 적이 있을 거야.

그뿐만이 아니야. 스마트폰은 나쁜 콘텐츠를 접하는 통로가 된다는 점에서도 사회문제가 되고 있어. 이제 초등학교 저학년까지 스마트폰을 통해서 안 좋은 콘텐츠를 접한다고 해.

이렇듯 스마트폰이 우리들 생활 깊숙이에서 여러 문제를 일으키고 있다는 것은 모두 알고 있을 거야. 한번 떠올려 봐. 스마트폰 때문에 말을 시키는 가족들이 귀찮은 적이 있었을걸? 부모님과 대화를 나누기보다 스마트폰을 보는 게 더 즐거울 때도 있었을 테고 말이야. 이렇다 보니 스마트폰은 공부에 방해가 될 뿐만 아니라, 가족관계나 인간관계를 변화시키는 주범이 되고 있어.

스마트한 스마트폰 활용의 조건

그렇다면 어떻게 해야 스마트폰 중독을 예방하고, 스마트폰을 스마트하게 사용할 수 있을까? 여러 단체에서 제시한 스마트폰 사용법을 종합해서 소개해 볼까 해. 일명 SMART 사용법!

먼저 'Safe' 사용법이야. 스마트폰은 '안전'하게 사용해야 해.

스마트폰은 시력을 떨어뜨리고, 거북목증후군이나 손목터널증후군 같은 신체적 변형이나 통증도 유발하거든. 스마트폰 중독은 정신적인 문제뿐만 아니라, 신체에도 나쁜 영향을 미치기 때문에 항상 안전하게 사용해야 한다는 걸 잊지 말아야 해.

두 번째는 'Mind' 사용법이야. 스마트폰을 자제하는 '마음'을 가져야 한다는 뜻이야. 스마트폰이 팝콘 브레인을 만들거나 도덕적 판단 능력을 떨어뜨리고, 학습 장애를 일으키는 등 우리의 뇌와 정서에 큰 영향을 끼친다는 건 이미 여러 번 말해서 알고 있을 거야. 그러니까 이를 자제하려는 노력을 기울여야 해.

셋째, 'Action' 사용법이야. 스마트폰을 바르게 활용하는 방법을 '행동'으로 실천해야 한다는 뜻이지. 스마트폰 중독을 막기 위한 첫 번째 행동은 가족과 보내는 시간이나 공부 시간, 수면 시간에는 스마트폰을 꺼놓거나 다른 방에 두는 거야. 지금 내가 해야 할 일과 나에게 중요한 일을 우선순위에 두는 행동력이 필요해.

처음에는 하루에 20분씩 스마트폰을 꺼놓는 것부터 시작해 봐. 익숙해지면 30분, 40분, 50분, 1시간으로 시간을 차츰차츰 늘려가는 거야. 스마트폰 사용량을 점검하는 앱을 설치해 두면 내가 스마트폰을 얼마나 사용하는지 눈으로 확인할 수 있으니 큰 도움이 될 거야. 그리고 밤늦게 메시지 보내지 않기, 메시지 답장에 지나치게 신경 쓰지 않기, 새로운 소식을 알리는 기능인 '푸시' 기능 꺼놓기도 스마트폰을 현명하게 사용하는 실천법이야.

그다음은 'Relation' 사용법이야. 온라인이 아니라 오프라인에서 '관계'를 맺고 살아가는 방법을 깨달아야 한다는 뜻이야. 스마트폰에 너무 집착하면 온라인에서의 관계를 인간관계의 전부로 착각하는 경우가 종종 일어나. 하지만 온라인에서의 관계는 아주 작은 부분에 불과해. 내가 직접 이야기를 나누고, 웃고, 나를 위로해 줄 수 있는 현실에 있는 가족과 친구, 선생님과의 관계가 얼마나 소중하고 중요한지 꼭 알았으면 좋겠어.

마지막은 'Turn' 사용법이야. 스마트폰이 없어도 되는 삶, 스마트폰에 중독되지 않은 삶으로 '돌아오려는' 의지를 가지자는 뜻이지. 설령 스마트폰에 중독되어 어려운 상황에 처해 있더라도 전문가나 가족의 도움을 받아 일상생활로 돌아올 수 있어야 해. 그런 의지가 있어야 스마트폰에서 자유로워질 수 있어.

스마트폰뿐만 아니라 인터넷 중독도 조심해야 해. 인터넷 중독을 경계해야 하는 이유는 크게 세 가지로 나누어 볼 수 있어. 첫 번째는 인지 기능의 악화야. 인터넷에 과도하게 노출될 경우 기억과 사고를 담당하는 전두엽의 기능이 저하될 수 있거든.

인터넷을 하는 시간만큼 다양한 학습과 야외 활동, 그리고 여러 경험의 기회가 적어지다 보니 향상되어야 할 인지 기능이 오히려 떨어지는 거지.

두 번째 이유는 인터넷 중독이 학습능력 저하로 이어지기 때문이야. 단기적으로는 기억 능력이 나빠지고, 장기적으로는 주의력과 집중력이 악화돼. 수리력과 암기력도 떨어지고 종합적 사고 능력 또한 약화된단다.

인터넷 중독을 조심해야 하는 세 번째 이유는 인터넷 중독의 부작용이 심리적인 문제를 만들기 때문이야. 서울대학교 인터넷 중독 클리닉에서 연구한 결과에 따르면, 인터넷 중독을 겪는 청소년들은 주의력 결핍, 과잉행동 장애, 우울증, 반항 장애, 투렛 증후군(틱 장애가 악화되는 장애), 경계성 지능장애 등을 겪는다고 해.

물론 인터넷을 보는 사람들이 모두 다 인터넷에 중독되는 건 아니야. 중독은 충분히 예방할 수 있고, 현명하게 사용한다면 인터넷은 우리 삶을 자유롭고 편하게 만들어주지. 그러니까 인터넷으로 나의 삶이 혼란스러워지지 않도록 규칙을 정해 놓는 게 좋아. 이런 방법은 어떨까?

첫째, 컴퓨터는 가족이 공유하는 장소에 둔다.

둘째, 가족과 협의해서 인터넷 사용 시간을 스스로 정한다.

셋째, 컴퓨터 사용일지를 만들어 온 가족이 컴퓨터 사용 시간과 내용을 기록한다.

넷째, 가족이나 친구들과 함께하는 시간을 늘린다.

다섯째, 인터넷이나 스마트폰이 아닌 다른 취미활동을 찾아본다.

우리 주위에는 공부에 장애물이 되는 것들이 정말 많아. 하지만 그런 것들은 우리 삶을 즐겁고 편하게 만들어주기도 하지. 그러니 이왕 사용한다면 똑똑하고 올바르게 사용해서 나에게 이익이 되도록 활용하는 게 좋겠지? 한 번 장애물이 영원한 장애물이 되진 않아. 어떻게 활용하느냐에 따라 장애물이 아니라 똑똑한 서포터가 될 수도 있어.

공부가 재밌어지는 순간

슬럼프 탈출하기

공부가 1년 365일 잘된다면 얼마나 좋을까? 하지만 그런 사람은 눈을 씻고 찾아봐도 없을 거야. 공부가 잘되다가도 어느 순간 머릿속이 복잡해지면서 이해력이 떨어지고 짜증만 나는 순간이 분명 찾아오거든. 지치고 힘이 들어서 손도 하나 까딱하기 싫을 때도 있고 말이야. 이런 걸 슬럼프라고 해. 학생뿐만 아니라 직장인, 연예인, 운동선수 등 누구나 다 슬럼프를 겪어.

하지만 슬럼프에 빠졌다고, 기분이 안 좋다고 아무것도 하지 않고 기분이 좋아질 때까지 가만히 기다린다면 슬럼프를 극복하기는 어려워. 운동을 하든 취미생활을 하든 무엇이든

하면서 잠깐이라도 기분을 새롭게 하거나 공부가 아닌 다른 목표를 세워서 성취하는 등 적극적으로 행동하는 게 슬럼프에서 탈출하는 가장 좋은 방법이야.

슬럼프는 누구나 겪을 수 있고, 특별한 사람만이 슬럼프를 극복할 수 있는 건 아니야. 그러니까 슬럼프를 두려워하거나 무서워할 필요는 없어. 많은 사람들이 다양한 방법으로 슬럼프를 극복하려고 노력해. 어떤 사람은 운동을 해서 에너지를 밖으로 뿜어내기도 하고, 어떤 사람은 슬픈 음악을 들으면서 펑펑 울어서 쌓인 감정을 쏟아내기도 하고, 다른 누군가는 여행을 떠나서 마음을 새롭게 하기도 하는 등 많은 사람들이 자기만의 방법을 찾아 슬럼프를 극복하려고 노력해.

하지만 그렇게 행동하기 전에 왜 슬럼프에 빠졌는지 원인을 찾아보는 게 좋아. 모든 일에는 이유와 원인이 있잖아. 공부한 만큼 성적이 안 나와서인지, 가족과 사이가 안 좋아서인지, 시험을 못 볼까 봐 불안해서인지, 친구 사이에 문제가 생겨서인지 슬럼프에 빠진 이유가 분명히 있을 거야. 원인을 찾아야 문제를 해결할 수 있으니 한번 곰곰이 생각해 봐.

그리고 슬럼프에 빠졌을 때는 절대로 남과 자신을 비교하지 마.

'저 친구는 여전히 잘하는데 나는 왜 이럴까?'

'나는 저 친구에 비해서 의지가 없는 걸까?'

'나는 저 친구보다 머리가 나쁜가?'

이런 식의 비교와 자기비하는 슬럼프 웅덩이를 더 깊게 파는 거야. 내 자신이 얼마나 가치 있는 사람인지 되새기는 과정이 반드시 필요해.

내가 공부하는 이유와 목표를 다시 확인하고 다짐하는 태도도 슬럼프를 극복하는 데 도움이 돼. 누구나 공부하기 싫을 때가 있어. 그럴 때는 억지로 공부하려고 하지 말고, 하루 이틀 쉬면서 나는 왜 공부를 해야 하는지, 공부를 통해서 무엇을 얻으려고 하는지 진지하게 생각해 봐. 그래야 다시 한 번 동기부여가 되고 의지를 다질 수 있으니까.

블록 단위 계획표 만들기

블록 단위로 크게 시간을 나눠서 계획을 세우면 시간 관리에 도움이 될 거야. 방학 계획을 세울 때 도움이 되는 방법은 이거야. 하루를 오전, 오후, 저녁 3개의 블록으로 나눈 뒤, 일주일 단위로 계획을 세우는 거지. 참, 계획을 세우기 전에 목표부터 설정해야 한다는 사실, 잊지 않았겠지?

이 주의 목표

이 주의 블록 계획표

	월	화	수	목	금	토	일
오전							
오후							
저녁							

Tip 한 개의 블록당 30분씩, 1시간씩 시간을 나눠서 응용할 수도 있어.

시험 준비를 돕는 시간 관리 전략

시험 3주 전	
목표	내용 이해
실천	① 시험 정보 수집하기: 시험 기간, 시간표, 과목, 유형, 범위 등 ② 중요한 개념 중심으로 요약 정리하기

시험 2주 전	
목표	문제 풀이
실천	① 과목별 문제집 풀기 ② 문제를 풀면서 잘 이해하지 못한 내용 확인하기 ③ 중요한 개념 중심으로 요약 정리한 내용 암기하기

시험 1주 전	
목표	종합 정리
실천	① 과목별 교과서, 요약, 필기 노트 다시 보기 ② 시험 대비 총정리 문제 풀기 ③ 예상 문제 만들거나 틀린 문제 다시 풀기

스마트폰 중독 자가진단

너의 공부를 방해하는 최대의 장애물, 스마트폰! 혹시 나도 스마트폰 중독인 걸까? 각자 자가진단을 통해 스스로 점검해 봐. 4개 이상이면 중독이 심해지기 전에 미리 조심해야겠지?

그렇다	아니다	
☐	☐	눈 뜨자마자 스마트폰 먼저 확인한다.
☐	☐	스마트폰이 없으면 불안하다.
☐	☐	스마트폰을 잃어버리면 세상과 단절된 느낌이다.
☐	☐	하루에 스마트폰을 2시간 이상 쓴다.
☐	☐	심심할 때는 스마트폰 먼저 찾는다.
☐	☐	화장실에 스마트폰을 가지고 간다.
☐	☐	공부를 하다가 스마트폰 알람 소리가 들리면 즉시 확인한다.
☐	☐	잠들기 전까지 스마트폰을 사용한다.

5부

공부가
인생의 목표는 아니야

공부 독립 하기

잠깐 책상에서 일어나
몸을 움직여 봐

건강한 몸에 건강한 마음을 담는 법

공부와 운동은 반비례 관계일까, 정비례 관계일까? 일반적으로 우리는 공부와 운동이 반비례 관계라고 생각해. 즉 공부 못하는 사람들이 운동한다, 혹은 운동하는 사람들은 공부에 관심이 없고 대개 공부를 못한다고 단정하지.

하지만 실제로는 그렇지 않아. 공부 잘하는 학생들 중에 운동을 잘하는 학생도 많거든. 운동선수가 목표인 친구들도 훈련이 워낙 많고 운동에 집중해야 하니까 학교 공부를 할 시간이 없을 뿐이지 공부를 못한다고 할 수는 없어. 그리고 실제로도 운동은 공부에 도움이 돼. 공부하면서 운동도 하는 사람들은 몸과 마음이 건강한 사람들이야. 몸과 마음이 건강해야 공부라는 마라톤에서 승리할 수 있는 체력이 길러지는 것이고.

운동과 공부의 상관관계는 과학적으로도 증명되었는데, 미국 일리노이대학교의 심리학과 교수 로라 채덕-헤이먼은 운동을 많이 하면 두뇌 활동이 활발해지고, 그것이 학습능력 향상과 연관될 수 있다고 말했어.

채덕-헤이먼 교수는 9~10세 어린이들을 대상으로 운동을 꾸준히 하도록 했을 때, 두뇌에서 백질이 훨씬 더 많이 나타난다는 것을 발견했지. 백질이 많아진다는 것은 두뇌 내에서 정보 전달이 활발히 이루어진다는 뜻인데, 그렇게 되면 두뇌 활동이 더 좋아지기 때문에 주의력과 집중력이 높아질 수밖에 없어.

또 다른 재미있는 연구도 있어. 하버드대학교 정신과의 존 레이티 교수가 0교시에 신체 활동을 꾸준히 한 집단을 추적해서 학업성취도가 어떻게 변화했는지 조사해 보았더니, 학업성취도가 20퍼센트 이상 향상되었다고 해. 운동을 하니까 집중력이 훨씬 높아졌고, 오랫동안 공부할 수 있는 힘도 갖게 됐다는 거야.

2013년도에 우리나라 학생들을 대상으로 한 보건복지부의 온라인 조사 결과를 보더라도 운동이 학업에 큰 도움이 된다는 걸 알 수 있어. 7만 5,000여 명의 우리나라 학생들을 대상으로 일주일에 두 번 이상 운동을 한 학생들과 운동을 전혀 하지 않는 학생들을 비교했을 때, 운동을 한 학생들의 성적이 더 높은 경우가 34퍼센트나 됐대.

그렇다면 운동은 왜 공부에 긍정적인 영향을 줄까? 심리적으로 도움이 되기 때문이야. 학교생활을 하거나 공부를 할 때 우리는 알게 모르게 많은 스트레스를 받아. 친구 관계, 성적 문제, 진로 문제 등 수많은 걱정거리가 학생들을 숨 막히게 하지. 이렇게 심리적으로 불안하고 힘이 들 때 운동을 하면 큰 도움이 돼. 땀을 내면서 운동에 집중하다 보면 부정적인 생각이나 스트레스가 날아가거든.

그뿐만이 아니야. 운동을 하려면 다른 사람들과 어울리면서 의논하고 싸우기도 하고 화합하기도 하잖아. 그러니 대인관계와 사회성이 좋아질 수밖에 없어. 다른 사람들과 관계를 잘 맺고 자신감이 생기면 어떤 일에도 용기 있게 도전할 수 있고, 리더십이나 융화력도 생기지.

하지만 주의해야 해. 운동이 주는 다양한 효과에 귀가 솔깃해져서 나에게 맞지 않는 운동을 과하게 한다면 그건 오히려 독이 돼. 운동도 자기 성향과 체력에 맞는 걸 해야 하는 거야.

지나치게 위험하거나 너무 격렬해서 피로감이 심한 운동이 아니라면 운동은 절대 해가 되지 않아. 줄넘기도 좋고, 달리기도 좋고, 태권도나 검도도 좋아. 뭐든지 자신에게 맞는 운동에 습관을 들여서 꾸준히 하다 보면 몸도 마음도 나날이 건강해진다는 걸 몸소 느낄 수 있을 거야.

지금 당장 텔레비전을 끄고, 스마트폰을 내려놓고 밖으로 나가보는 건 어떨까? 운동은 혼자 할 때보다 함께할 때 더 신나고 즐거우니까 부모님이나 형제, 친구들과 함께 운동을 시작해 보자. 운동신경이 좋아지는 만큼 체력도 좋아지고, 덩달아 성적도 올라가는 마법 같은 일을 경험할 수 있을 거야.

세상에는 공부 말고도
좋은 것이 많아

인생을 더욱 풍요롭게 만들 수 있다면

"학원을 안 다니거나 과외를 안 받는 사람, 손 들어볼래?" 만약 학교에서 아이들에게 이렇게 물어본다면 손을 드는 친구가 거의 없을 거야. 손을 드는 친구가 있으면 오히려 아이들이 고개를 갸우뚱하면서 그 친구를 신기하게 쳐다볼걸?

그만큼 우리나라 학생들은 여러 학원을 다니고, 집에 과외 선생님이 찾아와서 공부를 가르쳐주는 비싼 사교육을 받고 있어. 부족한 과목을 보충하고, 선행학습을 하기 위해서 말이야.

하지만 비싼 사교육보다 교육 효과가 더 높은 것은 따로 있는

데, 뭔지 알고 있니? 바로 '음미체(음악·미술·체육) 활동'이야. "공부하기도 바빠 죽겠는데, 무슨 음미체 활동이에요?"라고 되묻는 친구들이 많을 거야. 하지만 이런 취미활동은 마음을 안정시키고 공부를 더 잘할 수 있게 탄탄한 기초체력이 되어주는 아주 훌륭한 공부 서포터야.

예를 들어 음악은 마음을 안정되고 편안하게 하는 데 효과가 있어. 불안하고 흥분된 마음과 기분으로는 차분하게 공부할 수가 없어. 그런 마음을 진정시키고 공부에 집중할 수 있는 심리상태를 만들어주는 것이 바로 음악이란다. 실제로도 유명한 과학자들 중에 음악에 재능 있는 사람들이 많았어. 상대성이론으로 유명한 과학자 아인슈타인은 바이올린을 전문 연주가처럼 연주할 수 있을 정도의 실력자였고, 양자역학의 기초를 세운 막스 플랑크는 작곡을 하고 오케스트라를 지휘하기도 할 만큼 음악 마니아였지.

또한 음미체 활동은 집중력과 자아존중감을 높여주는 데도 매우 효과적이야. 음미체 관련 동아리 활동을 하는 학생들이 학교생활에 높은 만족도를 보였다는 연구 결과도 있는 걸 보면 그 효과를 짐작할 수 있겠지?

어린이와 청소년들의 자아존중감과 학업성취도는 가족과 친구에게서도 큰 영향을 받지만 이런 취미활동도 큰 영향을 미친다고 해. 실제로 한 신문사에서 전교 1등인 학생들을 대상으로 조사한 결과, 18명 중 13명이 취미생활을 하고 있는 것으로 나타났어.

정서적으로나 학업적으로 이렇게 좋은 영향을 미치는 음미체 활동은 어떻게 해야 할까? 꼭 돈을 들여서 학원을 다니거나 비싼 악기나 미술도구, 또는 운동기구를 사야 하는 건 아니야. 먼저 가까운 구립 또는 시립 박물관과 미술관, 음악당을 찾아가서 연주회를 보거나 전시회를 감상하고, 운동 경기를 관람해봐. 물론 처음에는 너무 지루해서 졸음이 쏟아질지도 몰라. 어떤 친구들은 음악회나 전시회에 가고 싶지만 너무 낯설어서 이해하기 어렵다고 생각할 수도 있어.

하지만 태어날 때부터 예술을 잘 이해하고 흥미롭게 감상하는 사람은 거의 없어. 예술을 감상할 줄 아는 귀나 눈을 갖는 것도 훈련이어서 자주 보고 오래 보면 누구나 예술을 감상하는 방법과 좋은 예술을 찾는 안목을 갖게 되지. 처음엔 아무것도 모르더라도 직접 찾아가서 감상하다 보면 관심이 생기고, 그러면 그와 관련된 책도 찾아 읽게 되고, 유튜브에서 영상을 찾아보게 되고, 그러면서 점차 예술을 즐길 수 있게 되는 거야.

운동경기도 마찬가지야. 처음에는 몇 명이 경기를 하는지도 모르는 스포츠였더라도 직접 경기를 관람하면서 그 에너지를 느끼고 승부의 짜릿함을 경험하다 보면 경기 룰도 알게 되고, 좋아하는 선수도 생기면서 애정이 느껴지지. 직접 하고 싶어질지도 몰라. 그렇게 시작해서 서서히 취미활동으로 자리를 잡는 거야. 체육 활동이 공부에 어떤 영향을 미치는지는 앞에서 충분히 이야기했으니 건강을 위해서라도 운동 하나쯤은 정기적으로 꾸준히 하는 걸 추천해.

그밖에도 만화를 그리거나 바둑을 두거나 비누나 향수를 만들거나 화초를 키우는 등 재미있는 취미활동이 무척 많아. 요즘에는 인터넷을 보고도 충분히 따라하고 배울 수 있을 만큼 풍부한 정보가 공유되고 있으니까 마음만 먹으면 쉽게 나만의 취미활동을 만들 수 있어.

취미활동은 그 자체로도 즐거움과 안정감을 주지만, 취미활동을 즐기다가 자신의 재능을 찾아 진로를 정할 수 있다는 점에서도 매우 중요해. 무엇이든 시도해 봐야 내가 어떤 재능을 가지고 있는지 찾을 수 있잖아. 그러니까 "공부하는 것만으로도 시간 없고 바빠!"라면서 선 긋지 말고, 다양한 활동을 체험해 보고, 그중 가장 흥미로운 일에 시간을 투자해 보면 좋겠어.

확실히 말할 수 있는 건 배움은 나에게 절대로 해가 되지 않는다는 거야. 그리고 언젠가는 어디에든 쓰임새가 있단다.

독서로
부자 되기

문제 해결력이 자라나는 독서 습관

부모님이나 선생님들이 입만 열면 "공부, 공부!" 하는 소리가 솔직히 듣기 싫기도 할 거야. 특히 우리나라는 입시 위주의 교육을 하다 보니 '공부 못하는 사람은 쓸모가 없다'는 생각을 하는 사람들도 있지. 물론 학생이니까 공부와 성적을 중요하게 생각해야 하는 건 맞아. 그렇다고 공부와 성적이 세상에서 유일하게 가치 있는 것은 아니야. 공부밖에 모르는 공부벌레는 좋은 사람으로 성장하기 어려워. 그런 공부를 한다면 오히려 이기적인 사람이 되기 쉽지.

한번 생각해 봐. 우리는 왜 공부를 해야 하고, 어떤 사람이 되기 위해서 공부를 하는지. 그리고 훌륭하고 존경받는 사람이란 어떤 사람인지 말이야. 공부란 단지 수학공식을 외우고 영어 단어를 많이 아는 것에서 그치지 않아. 내가 속한 환경 밖으로 나가서 다양한 사람을 만나고 다양한 경험을 하면서 지식을 쌓고 지혜를 얻는 것도 커다란 공부야. 이런 경험이 많이 쌓여야 다른 사람을 이해하고 배려할 줄 아는 사람, 어떤 어려움이 닥쳐도 스스로 문제를 해결하고 이겨내는 강하고 당당한 사람이 되는 거야.

하지만 그렇다고 날마다 여행을 가거나 견학을 할 수는 없잖아. 이럴 때 가장 좋은 것이 바로 책읽기야. 우리는 책읽기를 통해 우리가 경험해 보지 못한 일을 간접적으로 체험하고, 수많은 교양과 지식을 습득할 수 있어. 그래서 예부터 독서 교육을 강조했던 거야. 특히 조선 시대 명문가에서는 가문만의 독서 교육법이 있어서 자녀들에게 독서 교육을 철저히 시켰지. 독서 문화는 그 집안이 갖고 있는 고유한 가풍이었고, 그 집안이 얼마나 전통 있고 고귀한 가문인지를 보여주는 기준이었기 때문에 책을 읽지 않는 명문가 자제는 아예 없을 정도였어.

하지만 지금의 우리는 어떨까? 현재 우리나라의 1인당 독서

율은 매년 하락하고 있어. 독서의 중요성은 어느 때보다 강조되고 있지만, 굳이 책을 보지 않더라도 스마트폰이나 컴퓨터를 통해 원하는 정보를 쉽게 얻을 수 있고, 수많은 미디어에서 매 순간 엄청난 정보를 쏟아내고 있기 때문에 굳이 책을 읽어야 할 필요성을 느끼지 못하는 거지. 아이들의 문해력(문장 이해력)이 떨어진다, 실질문맹률(글자는 읽을 줄은 알지만 글의 뜻을 정확히 이해하고 파악하는 능력)이 높아진다는 걱정스런 우려가 쏟아지는 이유도 책을 읽지 않기 때문에 벌어지는 일이야.

세상에서 가장 쉬운 독서법

그렇다면 매일 조금씩이라도 책을 읽을 수 있는 특별한 방법은 없을까? 안타깝지만 세상에 그런 방법은 없어. 매일 조금씩, 천천히 책읽기를 실천하는 수밖에는 없지. 처음부터 책 한 권을 다 읽겠다고 생각하지 말고 매일 다섯 장만 읽겠다는 작은 계획부터 세워봐. 처음부터 너무 어려운 책보다는 쉽고 재미있는 책을 선택하는 게 좋겠지. 그리고 화장실에 가거나 잠자기 직전 같은 자투리 시간을 활용하면 부담이 덜 될 거야.

단, 매일매일 읽어야 해. 퇴계 이황 선생님도 자녀들에게 책은 매일 꾸준히 읽어 터득해야 한다고 가르쳤대. '이 책만은 다 읽겠다'는 생각으로 매일 조금씩 읽다 보면 어느새 책 한 권을 다 읽게 되고, 책 한 권을 마치면 성취감과 함께 자신감이 생긴 단다. '어? 생각보다 재밌는데?' 이런 생각이 들 거야.

그런데 책을 읽으라고 권하면 이런 고민을 털어놓는 친구들이 있어.

"어떤 책을 골라야 할지 모르겠어요."

그럴 수 있어. 책을 선택하는 것도 경험이 필요해서 많이 읽어본 사람들이 책도 잘 고르거든. 그러니 이제 막 책을 읽기 시작한 친구라면 어떤 책을 읽어야 할지 고민이 되는 것도 당연해. 하지만 어렵게 생각하지 마. 책을 고르는 가장 중요한 기준은 '내가 읽고 싶은 책'이야. 베스트셀러나 주위에서 권하는 책보다 줄거리나 지은이 같은 책에 대한 정보를 먼저 읽어본 뒤 흥미가 생기고 끌리는 책을 고르면 돼.

읽고 싶은 책을 골랐다면 책 첫 장에 그 책을 고르게 된 이유나 기대감을 적어보는 것도 독서를 즐겁게 만들어주는 재밌는 이벤트야. 책의 첫인상과 다 읽고 난 뒤의 인상이 전혀 다른 책도 많거든. 그런 차이점에 대해 감상평을 적는 습관을 들인다면 독서력은 물론이고 글 쓰는 능력까지 키울 수 있지.

책을 읽으면서 중요한 문구에 밑줄을 긋거나 떠오르는 생각을 메모해 두는 것도 무척 좋은 습관이야.《홍길동전》을 쓴 조선 시대 문인 허균의 집안에서도 '자신만의 색깔 있는 독서와 글쓰기를 추구하라'고 자녀들을 교육했대. 즉 독서를 통해 단순히 지식만 습득하는 것이 아니라, 그 지식과 정보를 자신만의 방식으로 받아들여 자신의 지식으로 만들라고 격려한 거야. 인상적인 문장에 밑줄을 긋고 메모를 하면서 자신의 생각을 적다 보면 창의적인 생각이 쑥쑥 자라지.

읽은 책에 대해서 가족이나 친구들과 이야기를 나누어보는 것도 사고력과 이해력, 논리력을 키우는 데 매우 좋은 활동이야. "와, 드디어 책 다 읽었다!"에서 끝내지 말고, 그래서 이 책을 읽고 무엇을 느꼈는지, 이 책은 무엇을 말하고 싶어 하는지, 책의 내용 중에서 동의할 수 없거나 마음에 들지 않았던 부분은 없었는지, 감동적인 부분은 어디였는지 등 다양한 대화를 나누다 보면 세상을 더 넓고 깊이 있게 바라보는 시각이 생긴다는 걸 깨닫게 될 거야.

앞에서도 말했지만 유대인들이 '하브루타' 교육법을 중요하

게 여기는 이유도 바로 이 때문이야. 두 사람 이상이 한 가지 주제에 대해 서로의 의견을 듣고 논쟁하는 적극적인 활동을 통해 창의성이 계발되고, 언어와 사회성이 발달되며, 끊임없는 생각으로 사고력이 발달하는 거지.

한번 생각해 봐. 우리가 세상을 살아가면서 과연 몇 명의 사람을 만나고, 몇 개 국가를 여행할 수 있을까? 아마 한계가 있을 거야. 하지만 책 속에서는 아프리카 오지도 우주여행도 갈 수 있고, 수천 수만 명의 사람들을 만나서 그들의 이야기를 들을 수 있고, 심지어는 귀신이나 외계인도 만날 수 있어. 얼마나 즐겁고 흥미로운 일이야? 내가 경험해 보지 못한 것, 경험할 수 없는 것도 책은 다 보여주잖아. 책 속에는 무겁고 진지한 지식과 정보만 들어 있는 게 아니라, 신나고 재밌는 일도 수두룩하게 들어 있어. 그 모든 것이 내 것이 될 수 있다니, 정말 흥분되지 않아?

공부 자극이 필요한
너에게

좋은 사람이 성공하는 세상

요즘에는 '착하다'는 말을 칭찬으로 받아들이지 않는 사람들이 많은 것 같아. 하지만 착한 건 훌륭한 거야. 예의 바르고, 다른 사람을 존중할 줄 알고, 말이나 태도가 상냥하고 친절하다는 게 모두 '착하다'는 말 속에 포함되어 있으니까 말이야. 사회 분위기도 점점 바뀌어서 인성이 좋은 사람이나 착한 기업에 대한 필요성이 점점 더 크게 부각되고 있어.

아무리 좋은 대학을 나와서 부와 명예를 다 가지고 있어도 인성이 나쁜 사람은 모두가 싫어하고 멀리 하려고 해. 기업도 마찬가지야. 요즘에는 기업이 사회적으로 문제를 일으키면 소비자들이 불매운동을 해서 잘못을 바로잡거나 기업에 적극적인 해명과 사과를 요구하지. 반대로 변함없이 나눔을 실천하고 정직하게 제품을 만드는 착한 기업에는 더 많은 물건을 사주자며 소비자 운동을 벌이기도 해.

최근에 수많은 대기업이 '사회적 책임'을 강조하면서 기업의 이익을 환경문제나 소외된 사람들에 대한 기부 활동 등으로 돌려주는 활동을 많이 하는 이유도 기업의 이미지와 가치를 높이기 위해서야. 그만큼 '인성'에 가치를 두는 사람들이 점점 더 많아지고 있다는 뜻이지.

인성은 교육을 통해서 배우고 길러야 해. 하지만 입시 위주의 교육을 하는 우리나라에서는 인성교육이 쉽지 않은 것도 사실이야. 공부 잘하는 것이 최고의 가치로 인정받으면서 인성보다는 성적이 우선이라고 생각하는 경향이 있으니까 말이야.

하지만 잘 생각해 봐. 우리가 공부를 하는 이유는 뭘까? 단지 나 혼자 잘 먹고 잘살기 위해서일까? 좋은 대학에 가고 좋은 직장에 들어가기 위해서일까? 물론 그런 이유로 공부하는 친구들도 있겠지만, 공부를 하는 가장 궁극적인 이유는 '사람으로서 올바르게 서기 위해서'일 거야.

우리는 끔찍한 범죄를 저지르거나 비도덕적으로 행동하는 사람들을 볼 때 '인간 같지 않다'고 손가락질을 해. 그렇다면 '인간답다'는 것은 무엇일까? 다른 사람을 배려하고, 나보다 어려운 처지에 놓인 사람을 도울 줄 알고, 다른 사람에게 피해를 주지 않고, 미움과 증오보다 사랑이 많은 사람이 아닐까? 공부를 할수록 이기적이고 폭력적이고 제멋대로인 사람이 된다면 공부를 해서 뭐하겠어. 교육을 받지 않은 것과 다를 것이 없잖아.

겸손하고 마음이 너그럽고 따뜻한 사람 주위에는 항상 그를 따르고 도움을 주고 싶어 하는 사람들이 넘쳐나. 그러다 보면 어려운 일이 닥쳐도 사람들의 도움으로 쉽게 위기를 극복하고 더 좋은 기회를 갖게 되지.

나중에 어른이 되면 알겠지만, 사회생활은 인간관계가 전부라고 할 수 있을 만큼 사람들과 어떤 관계를 맺고 그들과 어떻게 관계를 유지하느냐가 무척 중요해. 그런데 자기만 알고, 예의 없이 굴고, 다른 사람은 안중에도 없는 사람을 누가 좋아하겠어. 착해야 성공한다는 말이 그래서 나온 거야.

내 공부가 선한 영향력이 될 때까지

유명한 사람들 중에도 나눔을 실천하는 사람들이 참 많아. 그들은 어려움을 겪고 성공했기 때문에 누군가의 작은 관심과 도움이 얼마나 위대한 결과를 만들어낼 수 있는지 잘 알기 때문에 기꺼이 나눔을 실천하지. 세계 최고의 부자 중 한 명인 빌 게이츠는 한 해에 약 2조 8,000억 원을 기부하고, 페이스북의 창립자 마크 저커버그는 한 해에 약 1조 원을 기부한다고 알려져 있어. 정말 천문학적인 액수지? 물론 그만큼 돈을 많이 벌기 때문에 가능한 일이지만, 꼭 돈으로만 남을 도울 수 있는 건 아니야.

'재능 기부'라는 말 들어봤지? 자기가 가진 재능을 다른 사람에게 나눠주는 것을 가리키는 말인데, 가령 내가 그림을 잘 그린다면 사정이 어려워서 그림을 배우지 못하는 친구들에게 그림을 가르쳐주거나 그 밖에 노래나 춤, 공부 등 내가 잘하는 것으로 다른 사람을 돕는 것이 바로 재능 기부야. 때로는 봉사활동을 통해 작은 도움을 줄 수도 있지.

우리는 혼자서는 살아갈 수 없어. 태어나는 순간, 수많은 사람들과 관계를 맺으면서 살아가야 하고, 성장할수록 그 수는 더 많아지고 다양해져. 인간을 '사회적 동물'이라고 말하는 이유가 여기에 있어. 혼자 외딴 섬에 떨어져 사는 게 아니라면 나눔과 베풂의 가치를 생각할 줄 알아야 해. 그리고 그런 사람이 사회에서 존경받고 존중받을 수 있어.

수학이나 영어 시험에서 100점을 맞는 것만큼이나 마음 씀씀이나 성품으로도 100점을 맞을 수 있다면 그게 정말 공부를 잘하는 사람이 아닐까? 공부의 결과만 중요하게 생각하지 말고, 공부를 하는 의미에 대해서도 생각해 보는 것, 그리고 그것을 실천할 줄 아는 사람이 정말 훌륭한 사람이라는 사실, 절대 잊지 않았으면 좋겠어.

공부가 재밌어지는 순간

조금 특별한 공부법

운동을 해서 체력을 키우는 것만큼 좋은 음식을 다양하게 먹는 것도 공부하는 학생들에게는 굉장히 중요해. '견과류나 등푸른 생선을 많이 먹으면 두뇌 발달에 좋다'는 얘기는 많이 들어봤을 거야.

물론 성장기에는 두뇌 발달에 좋은 음식을 섭취하는 것도 중요하지만, 그보다 더 중요한 건 식사를 거르지 않고 하는 거야. 늦게 일어났다고, 아침에는 밥맛이 없다고 아침밥을 거르고 학교에 가는 친구들이 정말 많은데, 그건 공부에 도움이 안 되는 습관이야.

아침에 섬유질과 탄수화물이 풍부한 식사를 하면 피로를

덜 느끼고, 콩이나 요구르트처럼 에너지가 풍부한 음식을 먹으면 기억력 향상에 도움이 돼. 다시 말해 아침식사를 하고 학교에 간 학생은 그렇지 않은 학생들보다 집중력이 향상되어 학습 효과가 향상된다는 뜻이지. 힘들고 귀찮더라도 조금 일찍 일어나서 아침밥을 먹고 학교에 가는 게 정신적으로나 체력적으로 공부에 훨씬 도움이 된다니 습관을 붙여보는 것도 좋겠지?

아마 음식 때문에 부모님께 잔소리를 듣는 친구들도 많을 거야. 몸에 나쁘다, 불량식품이다, 이 썩는다, 살찐다 등등 잔소리의 종류도 다양하지. 맞는 말이라는 건 알지만 지키기는 어렵지? 초콜릿이나 아이스크림을 너무 좋아하는데 부모님이 한 입도 못 먹게 한다면 얼마나 스트레스가 쌓이겠어.

건강에는 그다지 도움이 되지 않지만 없으면 안 되는 최애 음식을 아예 끊는다는 건 어려운 일이야. 그러면 횟수나 양을 조금 줄여보는 건 어떨까? 음식을 못 먹어서 스트레스를 받는 것만큼 짜증나는 일도 없다는 걸 잘 알고 있어. 그러니 조절해 가면서 똑똑하게 챙겨먹는 게 좋겠지.

그리고 밥은 혼자 먹거나 5분 만에 후다닥 먹지 않는 게 좋아. 가족들과 모여 앉아서 이런저런 이야기를 나누면서 먹는 게 가장 좋은데, 사실 요즘처럼 바쁜 세상에서는 힘든 일이기도 하지. 그러니까 저녁 한 끼만이라도 가족들과 함께 식사하는 걸 추천해.

　미국의 유서 깊은 가문인 케네디가의 전통은 무슨 일이 있어도 저녁식사를 같이 한다는 것이었다고 해. 유대인들 또한 금요일 저녁은 반드시 모든 가족 구성원이 함께 모여서 식사하는 전통이 있대. 이렇게 모여서 함께 식사하면 심리적인 건강함을 유지하는 데 큰 도움을 받을 수 있어.

　가족들과 모여 앉아 일상적인 이야기를 나누며 천천히 여유 있게 식사하면 마음이 안정되고 정신적으로도 무척 편안해져. 밥은 단지 배가 고파서 먹는 것이 아니라, 내 몸의 건강과 정신적 안정에 필요한 영양소를 공급하는 일이야. 그래야 공부도 운동도 놀이도 다 잘하는 튼튼한 기초체력을 만들 수 있단다.

문해력을 키우는 독서법

책을 읽은 뒤에는 글쓰기와 토론 같은 독후 활동을 통해 독서 경험을 더욱 확장할 수 있어. 책 한 권을 읽으면 "드디어 다 뗐다!"로 끝내지 말고, 아래 질문들에 스스로 대답해 봐. 너의 생각의 그릇이 커지는 경험을 하게 될 거야.

어떤 책을 읽었는가?

기억에 남는 책 속의 구절은 무엇인가?

이 책을 읽기 전과 후에 내 생각의 변화가 있는가?

작가는 이 책을 무슨 생각으로 썼을까?

이 책을 읽고 얻은 것을 내 삶에 적용할 수 있을까?

롤 모델 찾기

세상에는 선한 영향력을 주는 사람이 많아. 그중에 특히 너에게 인상적이었거나 영감을 준 사람이 있니? 그 사람의 어떤 점이 훌륭한지 구체적으로 생각해 볼까? 너에게 좋은 롤모델이 되어줄 거야.

나에게 영감을 준 사람은 누구인가?

이들에게는 어떤 특별한 점이 있는가?

이들의 가치관은 세상에 어떤 선한 영향력을 주고 있는가?

나에게는 어떤 장점이 있는가?

나는 세상에 어떤 선한 영향력을 주고 싶은가?

KI신서10691

이런 공부법은 처음이야

1판 1쇄 발행 2023년 2월 15일
1판 5쇄 발행 2024년 7월 26일

지은이 신종호
펴낸이 김영곤
펴낸곳 ㈜북이십일 21세기북스

서가명강팀장 강지은 **서가명강팀** 박강민 강효원 서윤아
디자인 THIS-COVER
출판마케팅영업본부장 한충희
마케팅1팀 남정한
출판영업팀 최명열 김다운 김도연 권채영
제작팀 이영민 권경민

출판등록 2000년 5월 6일 제406-2003-061호
주소 (10881)경기도 파주시 회동길 201(문발동)
대표전화 031-955-2100 **팩스** 031-955-2151 **이메일** book21@book21.co.kr

(주)북이십일 경계를 허무는 콘텐츠 리더

21세기북스 채널에서 도서 정보와 다양한 영상자료, 이벤트를 만나세요!
페이스북 facebook.com/jiinpill21   포스트 post.naver.com/21c_editors
인스타그램 instagram.com/jiinpill21   홈페이지 www.book21.com
유튜브 youtube.com/book21pub

서울대 가지 않아도 들을 수 있는 명강의! 〈서가명강〉
유튜브, 네이버, 팟캐스트에서 '서가명강'을 검색해보세요!

ⓒ 신종호, 2023

ISBN 978-89-509-6811-3 13370